瞑想力

生き方が変わる四つのメソッド

飛騨千光寺住職
国際平和瞑想センター代表
大下大圓

日本評論社

◉はじめに◉

あなたは自分が「生きていること」に、ふと疑問を持ったことはありませんか。就寝前、食事中や仕事の合間、プライベートでいる時に「なぜ私はここにいるの？」と自問したことはないですか。

私はあります。幼い時に暮らしていた実家は飛騨の山里にあり、外灯も少なく、静かでのんびりとした田舎《いなか》です。近くの空き地に積まれた土管の中にこっそり入り込み、静かに空を眺めながら「僕はどこからきたのか」と時間が止まったような空想にふけることがありました。明るかった空がだんだん夕暮れになり、そのうちに夜の帳《とばり》が下りたようにあたりは暗闇になっていきます。やがて空には星が輝き始め、満天の星が空を埋め尽くすと、暗かったまわりもみえるようになりました。決して明るくはありませんが、暗くてもそこにじっと座っていることが怖くはありませんでした。「あの星はどこからきたのかな」「僕はどこに行くんだろう」などとぼーっと考えていると、やがて家族が私の名前を呼ぶ声が聞こえてきます。夕飯の支度ができた知らせです。いつもこれを合図に現実に戻りました。

そんな少年だった私は、一二歳で実家を出て近くの真言宗のお寺、飛騨千光寺《ひだせんこうじ》で出家しました。あれから五〇年以上の歳月を、私は仏教を学び僧侶となって真実の道を求めてひたすら歩いてきました。

私は仏教に出会えたことを心からよかったと思っています。それは「仏教は目覚めの教えである」ことを確信したからです。どんな人間でも目覚めることができる。誰しもが悟りという心の開放、解脱《げだつ》を実現できる可能性を持った存在だということを、ブッダ（お釈迦さま）は説いています。仏教の目的は人間成長の在り方、たとえ悩みがあっても生きる苦しさがあっても、「苦悩する人間存在は、己を探究する価値がある」ということを教えているのです。

七年間の高野山《こうやさん》での仏教・密教勉学と修行を終えた私は、その後にインドの南にあるスリランカへ渡り、初期仏教の瞑想法を習得しました。それから四〇年余り、瞑想生活をするうえで、仏教や瞑想の素晴らしさに気づくことがたくさんありました。実際に、京都大学で「瞑想の臨床応用」を研究し、「四つの瞑想メソッド」を開発できました。

現在は飛騨千光寺で住職を務める傍《かたわ》ら、カウンセリングや瞑想ワークのインストラクターとして、講演や研修で全国を飛び回っています。文字通り「住職ならず、飛び職」です。仏教の現代化を図るために、仏教瞑想をわかりやすく現代人に取り入れてもらえるように「臨床瞑想法」を考案して普及のための実践活動もしています。また、千光寺では瞑想だけでなく、プチ修行やプチお遍路の体験プログラムも積極的に行っています。

本書は、そんな私自身の修行や社会活動の集大成の一つとして書いたものです。現代社会の中で「生きづらさ」を抱えた人はもちろんのこと、「自分らしく生きたい」と考えている人に役立つ内容を網羅《もうら》しています。最近はビジネスパーソンの朝活などでも瞑想が取り入れられているようで、大変喜ばしいことだと思っています。一日の始まりに瞑想をすることで肩の力が抜けて、しかも自然界からのエネルギーをチャージすることができますから、効率よく疲れなく働くことができます。

私の開発した「四つの瞑想メソッド」には「ゆるめる・みつめる・たかめる・ゆだねる」があります。この四つの「瞑想力」を応用した「四つの生き方」を実践することにより、「自分らしく幸せに生きる」ワザが身につきます。瞑想は決して難しくありません。呼吸を整え、内なる自分と対話することです。つまり、あなた自身の本質に出会う手段といえます。毎日の生活習慣の一つに、「四つの瞑想メソッド」をぜひ取り入れることをおすすめします。そして、本当の自分に出会って「あなたらしく生きる意味を発見」し、「目覚めた人」になっていただきたいと心から願っています。

令和元年、臨床瞑想法を基に、飛騨千光寺の境内《けいだい》に「国際平和瞑想センター」を建設しました。これまでの半生で多くの方の「生き方」に出会い、たくさんの気づきをいただきました。その方々への感謝の意も込めた「国際平和瞑想センター」の建設は、今生《こんじょう》の私自身の使命であり仏教活動の集大成ともいえます。この時代だからこそ「ＱＯＳ：クオリティ・オブ・スピリチュアリティ＝魂《たましい》の質」をたかめることが必要です。今後は「真実の自分と出会うことを求める人々の癒《いや》しと研鑽《けんさん》の場」として、広く開放していきたいと考えています。詳しくは第六章で紹介します。

本書の出版に際しましては日本評論社の江波戸茂取締役、編集においては成保江身子さんのお手を煩《わずら》わせました。また、家族からの温かい支援に恵まれました。あの世で見守ってくれている父母を含め、すべての方に心からお礼を申し上げます。

二〇一九年（令和元年）七月

飛騨千光寺住職　大下大圓《おおしただいえん》

◉目次◉

第五章 四つの生き方で「本当の自分」に出会う

第一章
心の断・捨・離で楽に生きる

仏教と瞑想

突然ですが、あなたにとって、仏教はどんな印象がありますか？

「お経は漢字ばかりで意味がわからないし、難しいよね」

「お坊さんは葬儀や法事、お盆の時だけ、衣《ころも》を着て登場するね」

「仏教って、なんかマイナーな感じ」などと、あまりよくないイメージを抱いている人が多いようです。でも反対に、

「お寺へお参りすると気持ちがすっとする」

「お寺で御朱印《ごしゅいん》を書いてもらったり、写経をすると心が落ち着くよね」

「お寺の静かなたたずまいが好き」と、好意的な意見も多くあります。

仏教をどう解釈するかによって、あなたの生き方も幸せの獲得度も違ってきます。

仏教は二五〇〇年ほど前にインドの青年ゴータマ・シッダルダ（ブッダ）が説いたのが始まりです。一般にはお釈迦さまともいいますが、このブッダこそ人間が苦悩を乗り越えて生きるワザ、「生き方」を教えた人であり、その教えはシンプルで本来はわかりやすいものでした。

「人はなぜ苦しむのか」「人は生まれて、年を取り、病気になり、死んでいく。その苦悩をどうやったら乗り越えられるのか」「心が平安であるためにはどうしたらよいか」「生きる希望はどうやったら生じるのか」など、およそ人生そのものに関わる、極めて身近な課題を克服するために仏教はあったのです。

そんな仏教はインドから日本へ伝わってきましたが、ダイレクトに渡来したわけではありません。中国や韓国、あるいはタイやベトナムなどを経由しましたが、それぞれの国の言葉に翻訳する時に、翻訳家は内容を端的にまとめようとしました。当然、その国の文化や思考が加わって編纂《へんさん》されることになります。こうしてだんだんとわかりづらいものになってしまったのです。

仏教はブッダの悟った「ダルマの教え」です。ダルマとは真実そのものであり、宇宙の真理です。私たちが迷いの世界を乗り越えて真実の安楽の境地をつかむこと。そして、その真実を知る方法が瞑想なのです。

私は一二歳の時に、飛騨千光寺《ひだせんこうじ》の師僧から初めて瞑想を学びました。当時は足の組み方、手の位置、目線や姿勢などを一方的に注意されましたから、とても苦しい時間でした。このつらい経験こそ大事なメッセージであることを知るのは、もっと成長してからですが、結果として、瞑想を広めることが生涯の目標の一つになりました。

この本では、仏教で行われている瞑想法に着目し、数多くの臨床を手がけ、結果を出してきた私ならではの「臨床瞑想法」を取り入れることによって、悩み多い現代人が楽に生きられる方法を明示していきます。臨床瞑想法については、第二章以降で詳しく述べますが、まずは、なぜ瞑想をおすすめするのか、その理由から紹介することにします。

悩める多くの現代人

私が若い頃に修行したスリランカの山の僧院では、電気がなくランプの生活でした。食べ物は信者の布施《ふせ》するご飯やおかずで賄《まかな》えましたが、冷蔵庫はありませんから貯蔵することができません。暑い国ですから、その日の食べ物はその日のうちに食べ切らないと腐ってしまいます。汗を大量にかきますが、お風呂がないので、川へ行って体を洗う沐浴《もくよく》生活です。しかし、私はその生活が苦しいとは思いませんでした。なぜなら、当時のスリランカの田舎《いなか》ではみんなが同じ暮らしだったからです。三ヵ月の間、人間として原初的な生活ができたことを感謝しました。

同時に、日本という国の素晴らしさにも気づきました。治安がよくて安全で、日常生活に必要なインフラもよく整備されています。自然環境にも恵まれ、おいしい食べ物も豊富です。第二次世界大戦による荒れ野原の状態から目覚ましい高度経済成長を成し遂げた日本を誇りに思ったほどでした。

日本はその後、一九九五年の阪神淡路大震災、二〇一一年の東日本大震災をはじめ、多くの大災害に遭いながらも、たくましく復興してきました。その日本人の有能さと忍耐力には感服しています。

さらに、近年はIT産業の躍進によってAI（人工知能）社会の未来が論じられるようになりました。二〇一七年の厚生労働省（厚労省）の報告では、将来の労働の四〇％以上が人間に代わってAIが担い、産業の改革が起こると予測しています。

しかし一方で、もう少し奥の世界を眺めてみると、日本人は本当に幸せを享受しているのかという疑問です。それは、千光寺でのカウンセリング活動などを通じて悩める多くの人に接してきたから感じることです。多くの人々が心の葛藤、不満、混乱、妬《ねた》み、執着、欲望、怒り、恨み、悲しみ、後悔などの苦しみを抱えたまま、解決できずに生きている姿を目の当たりにしています。お世辞にも幸せとはいいがたいのが現実です。

あなたはメールやライン、ツイッターやフェイスブックを代表とするSNS（ソーシャル・ネットワーキング・サービス）の利用などで便利と思う反面、相手との距離感が希薄になったと感じたことはありませんか？

これは都会に限ったことではありません。私が住んでいる飛騨高山でも同じです。住職としてお寺の檀家さんの家族関係などはよく知っているつもりですが、他の地区の事情はどんどんわかりにくくなっています。地域社会が複雑化して、個人的な事情がわかりにくいのです。もちろん他人のプライバシーを侵害するのはいけないことですが、つながり意識というか、地縁が薄くなってきていると感じるのは私だけではないようです。

日本では、毎年二万人以上の人が自殺という手段でこの世を去っています。私自身は「いのちサポートひだ」で、自死の予防活動に参加しながら実態を学びました。自死の原因は病気や経済的問題、家族や人間関係、仕事上の課題などがあげられます。厚労省では世界保健機関（WHO）の発表を受け（二〇一一年七月）、従来のがん、脳卒中、急性心筋梗塞《こうそく》、糖尿病の四大疾病《しっぺい》に精神疾患を加えて五大疾患としました。精神疾患が日本の五大疾患の一つにあげられるということは、すでに国民病ということです。精神疾患でも、最近は薬や治療法が改善され、統合失調症やアルコール依存の症状が軽度になっているといわれています。その反面、「新型うつや依存症（薬物、摂食障害、ギャンブル、買い物、性犯罪、自傷行為）、ひきこもり」などが増えています。

実際に、日本には心に問題を抱えている人が三九〇万人もいるとされ　精神的に追い詰められた結果、「心がポキッと折れてしまう」人が年間二万人以上もいるのです。

現代社会の中では、心を病む人ばかりでなく、何か生きにくくなっているという現実があります。入院するような病気にまでは進展しなくても、「生きることがしんどい」「生きていること自体がつらい」「人間関係が複雑で大変」「夫婦関係が面倒」「子育てから解放されたい」など、「現代の生きにくさ」を感じている人は少なくないのです。

この原因は「私が私らしく生きられない苦しさ」、仏教でいうところの煩悩濁《ぼんのうじょく》です。これは煩悩によって悪い意識がはびこることで、「煩悩は百八つ」ばかりではありません。無数に広がるのです。煩悩によって人生がうまくいかないことを「無明《むみょう》」といいます。文字通り人生の道を照らす灯《あか》りがありません。本来は備《そな》わっている「真実を見抜く心の鏡」が、煩悩というスモッグで曇ってしまっているのです。この心のスモッグをきれいにするのが、修行であり瞑想なのです。

「自分らしく生きる」とは

では、「私が私らしく生きられない苦しさ」は、どこからくるのでしょうか。

私たちは心のどこかで「幸せでありたい」という願望を秘めて生きています。しかし、この幸せ感は何を実現したら叶えられるのでしょうか。第二次世界大戦後の生活必需品では「冷蔵庫、洗濯機、テレビ」という三種の神器があれば、幸福感は満されました。しかし、その後は「もっと新しいモノ、もっと便利なモノ」へと物質的な欲望が際限なく今日まで続いてきました。経済成長とはモノの消費だったのです。

幸福の要素とは、人によって異なるとは思いますが、お金や富を第一位に考える人が多いのではないでしょうか。次は、自分を愛してくれるパートナー、地位、名誉、学歴、仕事、才能、名声、人望、住居、高級車、ブランド品、趣味、若さ、美貌、美食など尽きることはありません。まさに煩悩の権化《ごんげ》です。欲望が新しい欲望を生み出すのですから、自己コントロールが利《き》かなくなって、不幸を呼び込むこともあります。テレビのニュースや新聞の三面記事はそういった話題であふれかえっています。

じつは、幸せ感には、安心とか安定という心理的要素が深く関わっています。たとえば、自分自身が「私らしく生きている」と意識できている時は安心ですから、心も安定しています。

ここで少し専門的な心理のことをお話ししますが、できるだけわかりやすく書きます。

一般に、生育歴はその人の人生に大きな影響を与えているといわれます。人は誰しも成長する過程でいろいろな事件に遭遇します。幼い頃は人生における初めての荒波となることが多いのですが、これを乗り越えるという経験を積むことで心も成長します。

「アイデンティティ（Identity）」という「自分が自分であること」に関する心理的考察をしたアメリカの心理学者エリック・エリクソンは、人間の発達段階のモデルとして、次のように分類しています。①乳児期（〇～二歳）、②幼児期前期（早期児童期）（一～三歳）、③幼児期後期（遊戯期）（三～六歳）、④学童期（六～一二歳）、⑤青年期（一二～二〇歳）、⑥前成人期（二〇～三九歳）、⑦成人（壮年）期（四〇～六四歳）、⑧老年期（六五歳～）。その成長が健全であれば、信頼感、自律性、自発性、勤勉性、同一性、親密性、世代性、自己統合性などが発達します。成長に問題や課題があると、不信感、羞恥心《しゅうちしん》、罪悪感、劣等感、同一性の拡散、孤立、停滞性、絶望などの危機に見舞われることがあります（『発達心理学への招待』矢野喜夫・落合正行、サイエンス社刊、二〇〇一年）。

人は各年代を通じて、さまざまな経験をします。それはライフイベントとして重要な経験です。たとえば、「排便ができる、食事が一人でできる、一人寝ができる、就学する、性的初体験をする、就職をする、結婚をする、出産をする、闘病をする、加齢で体力が落ちる、心身の障害を経験する、末期を迎える」です。さまざまな成長過程の中で、重要な経験を通じて価値観が変容する機会に出会うのです。

いろいろな人生経験を積むことで成長していくのが人間ですが、大きなショックに出会うと、それが心の傷となって残ることがあります。多くの経験は、その人の精神的な強さに反映することが多いのですが、時として解決できない未分化なつらい感情が残ります。

さらに、病的で深い心の傷を心的外傷後ストレス障害（ＰＴＳＤ）といいます。しかし、誰しもがつらい経験をしたからすぐにトラウマになるかというと、そうではありません。その経験に意味を持てる人は、つらい経験も人生の大事なスパイスとして活用できます。

厚労省の「労働者健康状況調査」（二〇一四年）では、ストレスを感じる第一位は人間関係で、次に労働の量と質の問題となっています。しかも、ストレスは原因の違いによらず、私たちの自律神経系や免疫、ホルモンなどに同じ反応を起こすことは明らかだといわれています。

ストレスは人生のスパイスだと思って、プラスにしてしまうことができる人もいますが、じつは一時的なストレスはなんとかクリアできても、恒常的なストレスは負荷が大きくなる傾向にあります。複雑な仕事が続く環境などは看過《かんか》できない状態といえます。ストレスを克服する方法は、拙著『３つの習慣で私が変わる』（保坂隆・川畑のぶこ共著、日本看護協会出版会刊、二〇一八年）で、詳しく紹介しています。

薬に頼らない生き方

仕事や人間関係で追い詰められて病むのは「環境的な要因」が多いのですが、人間が病気になるメカニズムには「DNA気質」や「過去のトラウマ情報」があるという報告を心理学者の宗像恒次さんがしています（『自分のDNA気質を知れば人生が科学的に変わる』講談社＋α新書刊、二〇一三年）。

それによれば、うつ病もがんもストレスが主因となって、病気になる構造があるようです。今、日本人の二人に一人ががんになる時代ですが、がんになったからといって、すぐに死ぬわけではなく、治療できるがんも多くなってきています。

病気になっても、病《やまい》を持つ自分を受け容《い》れ共存することができたら、社会生活を営むことも可能です。たとえば、最近は各地にがんサバイバーの人たちのネットワークができています。同じ仲間のいるスペースで癒《いや》されることはたくさんありますから、病気を得ても一人で悩まないことが重要です。畏友《いゆう》、精神科医の保坂隆さんも著書『がんでもなぜか長生きする人の「心」の共通点』（朝日新聞出版刊、二〇一六年）の中で、「情緒的サポート、手段的サポート、情報的サポートのソーシャルサポート」が重要な鍵であると説いています。

また、早期受診で早めに病気をみつけることも大事です。心の問題がこじれて、生きていることが苦しくなってから、ようやく専門医を受診するケースは多いようです。精神科や心療内科を受診することに抵抗感を持つ人もいるかもしれませんが、ちょっと考えてみてください。たとえば、風邪をこじらせてしまった時は病院で診てもらいませんか。虫歯だって、早めに受診したほうが治療することが容易です。これと同じです。

もっと気軽に精神科や心療内科を受診していいのです。ただ「最近の精神科ではちゃんと話を聴いてもらえず、薬だけ出して終わりだから」「精神科で薬だけもらう生き方は嫌」という人がいるのも現実です。このケースのように患者さんの話をろくに聴かず大量の向精神薬を処方する精神科が、患者さんの受診を遠ざける要因の一つにはあるようです。

私は薬物療法を否定する気持ちは毛頭ありません。心が苦しくてたまらないというのなら、専門医を受診して適切な処方薬で楽になることも大事だと考えています。

しかし一方で、なんとなく生きにくいと感じている人やストレスを軽減させたいという人には、薬に頼らない生き方の一つの方法として、保坂さんも推薦している仏教の力、瞑想力を日常生活に取り入れることを提案します。それは瞑想療法という一種の行動療法でもあるのです。

「執着を手放す」と楽になる

あなたは「断捨離」という言葉を聞いたことがありますか。この言葉を爆発的流行語にまで広めたのは、やましたひでこさん（『断捨離』、マガジンハウス刊、二〇〇九年）です。現在もさまざまな講演やセミナー、ワークショップなどを開催して精力的に活動されています。ご縁があって、私も研修会などで一緒に仕事をすることがあります。

やましたさんも著書の中で述べているように、断捨離とは、もともとインド哲学にある「断行、捨行、離行」のことです。行ですから、修行であることは間違いありません。

現在のインドはヒンズー教が主流ですが、昔は『ウパニシャッド』や『ヴェーダ』の古典の教えを基に、「梵我一如《ぼんがいちにょ》」（神と人間は別々ではなく一緒である）というバラモン教を根本原理としていました。そして、人々はバラモンの教えを守りながら、人生の生き方として学生期《がくしょうき》、家住期《かじゅうき》、林住期《りんじゅうき》、遊行期《ゆぎょうき》の「四住期《しじゅうき》」を生活の軸としました。

「学生期」とは「梵行期《ぼんぎょうき》」ともいわれ、親の庇護の元に読み書きを覚えて勉強したり、家の手伝いをしながら成長する時期です。つまり、幼児から保護されて青年まで成長する時期で、精進潔斎《しょうじんけっさい》してまじめに生きることを善《よ》しとする大事な人間成長の時期です。

「家住期」は、家を守ること。つまり、適齢期に結婚をして、生業《なりわい》を一所懸命努力して家族を養う時期です。人生の中で、家や地域における最も大事な存在となる期間をいいます。子育ても大事で、子孫を繁栄させるためにも教育をし、成人するまで物心両面の面倒をみなくてはなりません。

「林住期」は、汗して働くことから少し離れて、家督を後継者である息子などに譲り、自分自身の人格や魂《たましい》を磨く時期です。かつてのバラモン僧がそうであったように、家族の住む家と林の中の一人で暮らす住処を行ったりきたりします。書物を読んだり自分自身の生き方をゆっくり振り返るなどして、人生を楽しむ時間です。

「遊行期」は、文字通り遊び心で生きる時期です。もはや、この世のすべてのしがらみを離れて、家や地域にもこだわらず、諸国を巡回して生きる時間です。いつ死んでもいいというくらいにすべての執着から離れて生きることでもあります。たとえ道端で野たれ死にしていても、人々は驚かず、淡々と死後の処理をしてくれるので、大地に還《かえ》ってゆけます。この生き方が巡礼の原点でもあり、日本の四国八十八ヶ所の霊場を巡るお遍路さんの生き方にも通じています。

これらの生き方は断捨離の精神そのものです。「執着を手放す」という考え方や生き方は、仏教だけでなくヨーガにも共通していますが、「欲望を断ち、余分なものを捨てて、所有という執着から離れる」ことなのです。心が楽に生きられるようになる方法でもあります。

仏教の教え断・捨・離

じつは、断捨離という言葉そのものは、初期の仏教経典『阿含経《あごんきょう》』の中にいくつか記載されています。

『生欲念、不除断捨離生恚念害念不除』（中阿含経第二巻）、『念有欲者唯願天王悉断捨離至終莫念於八萬四千象』（中阿含経第十四巻）、『觀無欲觀斷觀滅觀断捨離若此五欲功徳有欲有染者彼即滅也』（中阿含経第四十九巻）などと漢文で書かれています。漢字の羅列で難しく感じますが、それぞれ欲望を離れて智慧《ちえ》を得ることや、欲の念《ねん》をよく観察して物欲の念を断捨離することが説かれています。仏道を励む者に対する戒《いまし》めや励ましともいえますが、古代から物欲を離れることが、いかに困難なことであるかを物語っています。

さらに、この三つの言葉は他にもさまざまな経典に出現します。仏教の教えの中でも重要な生き方や心構えを教えているのです。

もう少し詳しくみてみましょう。「断」「捨」「離」と分解するとわかりやすくなります。

それぞれの生き方や心構えを現代に通じるように、私なりに噛《か》み砕いて考えてみます。

◉「断惑証理」という生き方◉

『広説佛教語大辞典』（中村元著、東京書籍刊、二〇〇一年）では、「断」とは「悪を断ずること、煩悩を断ずること」を第一とします。「悪を断ずる」とは、社会的な場での自分や他者に対して悪さをしないという行動に対するものです。「煩悩を断ずる」とは、自分自身の生き方において、苦しみの根源を解決して、煩悩に振り回されない生き方をすることです。

一般的には、「何かを断つ」とか「何かを断《ことわ》る」という、自分とは別の外的要因を断つと解釈されます。事実そうなのですが、仏典で扱う「断」は、「断惑」という「自分の中に存在する煩悩や迷いを断つ」「悪を断つ」という内容が重視されます。このことから「断惑証理《だんわくしょうり》」といって、迷いや煩悩を断って、涅槃《ねはん》という悟りの境地をつかむことが重視されました。

では、具体的に、その迷いとは何でしょうか。それは自分の心が真実を見失っている状態をいいます。仏教ではそのことを「無明」という表現をします。すでに述べましたが、無明とは灯りがない真っ暗な状態ですので、何もみえなくなっている状態です。その原因となるものを煩悩といいます。

断惑には、大きく二つの意味があります。一つは「自性断《じしょうだん》」といって、「煩悩そのものを起こさないように断つこと」。二つ目は「所縁断《しょえんだん》」といって、「煩悩を縛《しば》りつけている作用を断つこと」です。難しい表現ですので、わかりやすく説明しましょう。たとえば、ナイフは食べ物を切ったりする時には、大変便利でよいものです。でも、そのナイフを使って人を刺したりすると、ナイフは凶器となる悪いものですね。したがって、危ないナイフそのものを持たないことが自性断に相当します。一方の所縁断は、ナイフを持って人を刺すという行為を断つことに相当します。

◉「四無量心」という生き方◉

「捨」とはその字の如く捨てることですが、仏教語としてはじつに多様な解釈があります。同じく『広説佛教語大辞典』によると、「捨てること、悪い行いをやめる、解きはなたれること、滅し去ること、迷いを捨てること、戒律を捨てること（捨戒）、与えること、顧《かえり》みないこと、争わないこと」などが経典に登場するとあり、この字から「苦楽を離れた平等の偏らぬ心の状態」を表します。

捨の究極は「捨意」で、さまざまな計《はか》らいを捨て去ることです。仏道修行上の大切な用語として「慈悲喜捨《じひきしゃ》（四無量心《しむりょうしん》）」、「択法《ちゃくほう》、精進《しょうじん》、喜、軽安《きょうあん》、捨、定《じょう》、念（七覚支《しちかくし》）」、「苦、楽、捨（三受）」などで使用され、心の作用を深く理解して、修行に打ち込むことを教えられます。

仏教では捨には救済の意味もあって「心が暗く沈んだ状態（昏沈《こんじん》）や、病的に昂奮した状態（悼挙《じょうこ》）から離れる平等で平安な心」が強調され、特に「四無量心」の中に位置づけされる「捨」は、仏教に慈悲の教えを裏づけるものとして重視されています。

四無量心は「慈（いつくしみ）」「悲（あわれみ）」「喜（よろこび）」「捨（執着しない平らかな心）」です。

捨意は、四無量心の修行のプロセスを経て、無我《むが》の状態になることを意味します。無我とは「自己への計らいさえ捨てる」ことです。

日常的には「足るを知る」ことと、「心の棚卸し」をすることです。「足るを知る」とは、今を満ち足りたものとし、現状に不満を持たないことです。

拙著『いさぎよく生きる』（日本評論社刊、二〇一二年）の中で、「心の棚卸し」という表現をしました。今までの人生で心の箪笥《たんす》の中に詰め込んできたモノを、一回全部出してみるのです。必要以上に多くのモノを望んだり、抱え込んでいるのではなくて、本当に必要な分量を知り、取捨選択をする。自分にとって必要でないモノをどんどん手放していく。すると、大事だと思っていたモノの大半が、じつはそれほど大事ではなかったことに気づきます。つまりは、執着の心を手放すことは悟りに近づくことでもあります。

◉「中道」という生き方◉

「離」とは、「離すこと、悪い行いを断つこと、遠ざけること、離れていること、逃れ出ること、捨てること」など、およそ言葉通りで物事に距離を取る心や行動を表します。仏語としてはもう少し踏み込んで「悪い行いを断ち離れること」「煩悩を除去すること」「分離すること」などの解釈があります。

いずれにしても、粗悪な想念から離れる心を持って、正しい心を獲得することを教えています。仏教には人や物事の関係性を表す「縁起《えんぎ》」の教えがあります。文字通り縁によって物事が生起することです。結婚はご縁ですが、夫婦が別れることは「離縁」と表現します。離婚を経験した人には申し訳ありませんが、別れても縁そのものは離れるだけで、断たれるわけではありません。だから、絶縁とはいわず、離縁なのです。

関連して「離愛」とは、愛着を離れること。「離哀苦」とは愛しき者と離れる苦しみ、愛別離苦のことです。

「離因」とは激しい欲望からの解脱《げだつ》の要因。「離蓋《りがい》」とは、種々の覆蓋《ふくがい》（心の覆いとなる煩悩）を離脱すること、というような解釈があります。

じつは、私たち人間が欲望から離れることは、言葉では簡単ですが、なかなかきっぱりと離れることは難しいのです。人間らしく生きることはとても重要ですが、度を超してしまうと苦しみになることを仏教は教えています。

そして、仏教では「中道」の精神で生きることを説いています。「中道」とは偏らないことです。どちらか一方に偏った考えを持ったり、強引に白黒はっきりつけようとするのではなく、全体のバランスを考えてほどほどにするという意味があります。つまり、「中道」の精神で生きるとは、偏らぬ心を持ち、両極端を離れたバランスのある生き方を示唆《しさ》しています。欲望を大きな向上心に変換して生きることが大事なのです。じつは、中道の生き方とは瞑想力をたかめることに通じています。

整理術の極意は「スピリットに聴く」

断捨離は片づけ方法だけでなく、生き方にも及ぶ深い内容だということはおわかりいただけたと思います。

ここで上手に手放せるヒントを伝授しましょう。特にモノを手放すことが苦手《にがて》な人におすすめの方法です。

片づけや整理では、本来、自分の生活に必要かどうかで判断しているはずですが、悩んだら「スピリットに聴く」ことをしてみてください。

整理したいモノを手に取り、気持ちを込めて「私の生活にこれは必要ですか？」と一つずつ問いかけ、あなたのスピリット（魂）が反応するのを待ちます。あなたの心の奥底で「これは必要」と感じたら残せばいいですし、「何とも感じない」であれば、感謝して「今まで私の手元にあってくれてありがとう」といって、整理しましょう。こうすることによって、罪悪感なくモノを手放せます。「スピリットに聴く」ことは、「心の指針を明らかにする」ことですから、整理術の極意といえるのです。

コラム　「生きる気力」を引き出す精神医療

知人で精神科医の榎本稔さんは、東京・池袋駅の近くで「デイナイトケア」（夜型の生活から昼型の生活へ変換）のクリニックを開院しています。「精神の病を持つ人を施設に閉じ込めるのではなく、普通の人と同じように社会が受け容れ、社会で暮らしていける日本を作りたい」と行動している熱意ある医師です（『ヒューマンファーストのこころの治療』榎本稔、幻冬舎メディアコンサルティング刊、二〇一七年)。精神疾患の患者を日本の社会から隔離するのではなく、社会で受け容れようという試みを実践されています。

一般に精神的な病の治療として多くの病院では、主に薬物治療や精神療法を行っています。榎本クリニックの特徴は、一人一人の個性を尊重して「本人のやる気=生きる気力」を引き出す努力を医療スタッフが実践していることです。実際に見学に行かせていただいた時に、そこで実践されていることに眼を見張りました。

クリニック内では、患者さんの主体性に任せて囲碁、将棋、麻雀《マージャン》、ヨーガ、ストレッチ、ダンス、よさこい、エイサー、空手、フットサル、卓球、ナイトウオーク、朗読、ビデオ鑑賞、クッキング、陶芸、手芸、書道、カラオケ、コーラスなど、さまざまなワークが用意されていました。

しかも、朝から夜まで患者さんを引き受けるわけですから、食事はお昼ご飯と夜ご飯が必要です。それを無料にして参加しやすい環境を作っているのです。ある高齢者のご夫婦はシニアデイナイトケアに参加し、昼と夜の食事をして自宅に帰るそうです。

まさに弱者である患者さんの視点に立った精神科治療を実践しているクリニックといえるでしょう。このような医療施設が全国に広がることを願っています。

第二章

瞑想は「自分との対話」

今、マインドフルネス瞑想がブーム

瞑想は「座禅《ざぜん》、禅定《ぜんじょう》、瑜伽行《ゆがぎょう》、観想《かんそう》、黙想《もくそう》、静慮《じょうりょ》」などと表現されることもありますが、すべて「瞑想すること」を表しています。瞑想は仏教の修行の中核であり「心の探求」です。また「自分との対話」であり、「真実の自分に出会うワザ」なのです。そして、練習すれば誰でも瞑想はできます。

瞑想には祈りの部分があります。祈りは「喜」という感謝がベースですが、自分の善《よ》き未来を思うことと、他者のためを思うことの二つがあります。これを自利利他《じりりた》といいますが、単なる思いだけでなく、行動を含むものが自利利他行です。自利利他については第五章で詳しく述べます。ただ自身のための瞑想か他者に思いを向ける「慈悲の瞑想」（154ページ）をするかは、その人の祈りの方向性によります。

最近の日本で流行している自身のための瞑想を「マインドフルネス瞑想」といいます。テレビや新聞、雑誌などでもマインドフルネス瞑想の報道がとても多くなりました。

マインドフルネス（Mindfulness）とは、もともと初期仏教の「念《ねん》」を意味するパーリ語（Sati）が、アメリカで翻訳されたものです。一九七九年にマサチューセッツ大学医学部のジョン・カバットジン博士が仏教やヨーガからヒントを得て、「注意に基づくストレス低減（Mindfulness Based Stress Reduction：ＭＢＳＲ）プログラム」として開発しました。実際に、治療的臨床研究がなされ成果をあげています。宗教性を排除した瞑想法として、日本にもたらされました。

日本社会では、特に公共空間に特定の宗教が関与することを嫌います。そういう意味で、マインドフルネスは経済界、医療界、教育界に一定の信頼性を得て浸透していった経緯があります。

マインドフルネスは、日本では一般に「気づき」などと解釈されていますが、日本マインドフルネス学会（http://mindfulness.jp.net/concept.html）では、「今、この瞬間の体験に意図的に意識を向け、評価をせずに、とらわれのない状態で、ただ観ること」と定義しています。

「評価をせずに、とらわれのない状態で、ただ観ること」ができるマインドフルネスは、迷いや悩みの多い現代人にも有効とみなされ、積極的に採用している企業や公的機関が増えています。社会の課題に対する、親しみやすい方法として瞑想が再評価されています。

実際に私は依頼を受けて、東京都内の上場企業の職員を対象に「メンタルヘルス向上と、仕事の能率アップ」を目的とした瞑想研修を連続で実施した経験があります。

しかし、前述の精神科医・保坂隆さんは、マインドフルネス瞑想はブーム的であり、日本に定着するかどうかを疑問視しています。その理由として次の五つをあげています。

①　療法でなく、スキルとして導入された点。
②　「輸入版」は標準化と講師養成が必要だという点。
③　患者は「瞑想」よりも「処方」を好むという点。
④　日本では「セルフケア」の概念が一般化されにくい点。
⑤　何かが足りない。「慈悲」の訓練こそが、共感疲労を緩和しバーンナウトを予防する点。

さらに、日本人には「慈悲の瞑想」が必要と主張しています。「慈悲の瞑想」は英語で「Loving-Kindness and Compassion Meditation」と表現し、「慈悲の瞑想は健常者において、陽性感情をたかめ、気持ちのつらさを軽減すること」「臨床的には、うつ病・PTSDに有効とする」という研究報告もあります（『3つの習慣で私が変わる』）。

ここで、なぜ瞑想がストレスからの脱却や心の成長に役立つかを説明しましょう。

従来、瞑想は伝統宗教においては心身の鍛錬に活用されてきました。人間の意識構造を多角的にとらえて真理を探究しようとするインドの「ヨーガ」や、仏教において中心的な修行である「座禅」「禅定」「瑜伽行」などの「瞑想」は、宗教的トレーニングとして確立しています。

仏教だけでなく、キリスト教やイスラム教においても、瞑想的な修行法はさまざまな場面でみられますし、それらの多くは神秘主義と呼ばれる領域で「瞑想」や「黙想」「観想」として展開されています。

つまり、瞑想はスピリチュアリティの向上に欠かせない修行だったのです。「瞑想の要素を持たない宗教はない」といわれるほど、私たち人間の心身の鍛錬、人格や心性の向上を目指すうえで役立っています。

瞑想は特定の民族、宗教や地域に偏ることなく、世界のあらゆる場所や空間で人格育成や予防医学、代替療法《だいたいりょうほう》、健康生成のプログラムとしても広く活用されているのです。

瞑想を深めることは、個人的に独自の宗教を保持している人にとっては、その宗教的霊性をたかめることにつながります。しかし、特定の宗教を保持しない人にとっても、自身のスピリチュアリティを向上させる働きがあります。

宗教施設でホリスティックケア

従来のカウンセリングだけでなく、日本的なセラピー（療法）の在り方を自ら体験的に検証する中で、宗教的（修験道療法）セラピーを公言している心理学者がいます。石川勇一さんは臨床心理士であり、日本トランスパーソナル心理学／精神医学会会長の顔も持っています。著書の『修行の心理学』（コスモス・ライブラリー刊、二〇一六年）の中で、心理療法には「狭義の心理療法」と「ホリスティックな心理療法」の二種類があると説いています。ホリスティックには「全人的」「総合的」といった意味があります。私自身のこれまでの活動でも、ホリスティックな視点を大事にしてきました。

「狭義の心理療法」とは、「精神症状をともなう心の病《やまい》や偏ったパーソナリティーの治療や改善、環境への不適応者を適応できるようにすることを目的とする」もの。一方の「ホリスティックな心理療法」とは、「人間の全体性や癒《いや》しや成長、自己実現や個性化、実存や人間性、魂《たましい》や霊性の問題に関わろうとする対人援助全般」への関与です。これを「スピリット・センタード・セラピー」といいます。

医学的な表現をするなら相補代替医療（Complementary & Alternative Medicine）、通称ＣＡＭと呼ばれる医療行為の採用が主流です。ＣＡＭでの大事なことは「ホリスティックな人間理解、バランスや生活全体の重視、霊性（スピリチュアリティ）の尊重、未病への対応（予防の重視）、延命よりもＱＯＬ（生活の質）を重視」です。

瞑想の理論的な研究や解釈は、一九七〇年代のアメリカに始まり、予防医学やホリステイックケアの分野で注目されてきました。
『心理療法事典』(シュー・ウォルロンド・スキナー、森岡正芳・藤見幸雄翻訳、青土社刊、一九九九年)によれば、瞑想(meditation)とは「変成意識状態の枠内で生み出された、内的な静けさへの自己意識状態の誘導」であり、その目的とするところは「弛緩の促進、ストレス緩和の援助、自尊心をたかめること、集中力の促進、現在中心の意識の発達、洞察の促進」とあります。このことからも、瞑想には多義的な解釈や方法、目的があることがわかります。

また、瞑想はホリスティックな視点でとらえられ、より積極的にセラピーやストレス予防、病への気づき、心身の健康回復やストレスコーピング(ストレス対処法)など臨床的、教育的に活用されているのです。

専門的になりますが、科学的に脳波を測定した先行研究もあります。この研究では、「何らかの体験」「不随意運動」「視覚的イメージ」「深い瞑想状態」「超越状態(純粋意識の状態)」を経験した時の脳波から、三つの段階(①アルファ波優性、②シータ波優性、③ベータ波にアルファ波とシータ波が混入)が測定でき、いずれも前頭部と後頭部で反応を示していることが報告されています。

さらに、近年の脳波測定を用いた研究では、積極的な瞑想が「異なる種類の障害、特に不安障害の治療に役立つ可能性が示唆《しさ》される」との報告もあります。

また、瞑想をする側とそれをリードする側（ヒーラー）の双方にシータ波が増幅するという相関性を想定できる研究もあります。シータ波はまどろみ状態でも検出されますが、超能力が出現することもあるようです。私自身も何度か瞑想中の脳波研究をしました。

瞑想を行うことによって、神経伝達物質のオキシトシン（oxytocin）が分泌されることは知られていますが、東邦大学の有田秀穂教授によれば、オキシトシンの分泌によってセロトニン神経が活性化し、セロトニン（serotonin）が分泌します。このセロトニン神経は活性化すると脳の状態が安定し、心の平安、平常心を作り出し、自律神経に働きかけて痛みを和《やわ》らげる効果があることもわかっています。つまり、瞑想で深い呼吸を繰り返すことによって、「①人への親近感や信頼感が増す、②ストレスが消えて幸福感が得られる、③血圧の上昇を抑えられる、④心臓の機能をよくする、⑤長寿になる」といえるのです（『セロトニン脳」健康法―呼吸、日光、タッピング・タッチの驚くべき効果』有田秀穂・中川一郎共著、講談社＋α新書刊、二〇〇九年）。

じつは、日本の各地に点在する宗教施設、寺院だけでなく神社や教会は、私たちがバランスよく生きる術を教えてくれます。もともと宗教施設は人間を統合的な視点でみることができる場ですから、まさにホリスティックケアにぴったりの場所なのです。近くにある宗教施設に足を運んで、宗教家のセラピーやアドバイスを受けながら、自分らしい生き方を模索したり自己実現を目指したりすることが可能です。最近の宗教家は社会との接点を探るさまざまな活動をしていますので、インターネットなどで検索し、自分に合ったセラピーや興味のあるセミナーを探してみるのもいいですね。お寺は全国的にはラーメン屋よりも多いといわれています。もっと気軽に地元の神社、仏閣、教会を順番に訪ね歩くのでもいいでしょう。

もともと、人間が幸福になることを目的とした考え方は福祉思想と呼ばれ、宗教や医療とは切っても切れない関係にあります。

日本に仏教を導入したのは聖徳太子ですが、奈良の都造りのために伽藍《がらん》の整備を重視し、法隆寺に「施薬院《せやくいん》」、興福寺に「療病院《りょうびょういん》」などを創設して、当時の貧窮者や病人、孤児を救済したという歴史があります。昔は、人々が生きていくうえで寺院はなくてはならないものでした。

しかし、残念なことに現代では、宗教施設は葬儀や法事、供養などの儀式がある時に利用する人がほとんどという状態になってしまいました。自分から進んで足を運ぶ人は稀《まれ》です。宗教行事も心の癒しに役立つことはたくさんあります。現代人は特定の宗教に入信することをあまり好まないようですが、特定の儀式に参加するには、入信などを必要とする場合もあります。だからといって、私は入信を勧誘するわけではありません。そういう意味ではなく、自分の心の静養や回復のために神社や仏閣、教会を活用してもいいということです。

宗教施設にはそれぞれに歴史や趣《おもむき》があります。建物の形状やまわりの風景はもちろんのこと、訪れる人々の姿などを観察すると、多様性に富んでいることに気づくはずです。近頃は拝観可能な神社、仏閣、教会が多くなってきました。立ち寄ったなら、ぜひ施設の中に入ってみてください。外からみていた時とは気持ちが大きく変わるはずです。ストレスから開放される時間でもあります。

お寺好きの女性の間では「御朱印《ごしゅいん》」と称して、納経帳を持ち歩く人が増えました。スタンプラリー感覚で神社仏閣巡りする人も少なくありません。本来、納経は写経してご本尊さんに納めた証《あかし》として、その寺院で本尊の宝印を押していただくものでした。もし、御朱印を集めているのであれば、せめて最初に本堂へお参りしてから、御朱印を受けるようにしましょう。

また、キリスト教の教会やイスラム教のモスクなども、お願いすると入場できるところがあります。敬虔《けいけん》な空間はとても新鮮で、外国を旅しているような感覚を味わえるかもしれません。

自分の「聖地」を訪ねてみる

何かに悩んでいて時間に余裕のある人には、四国遍路をおすすめすることがあります。最近は、家族や友人とともにお遍路さんを歩く人も少なくありません。それはそれで、お互いに配慮しながらじっくりと語り合う関係ですので、意味があると思います。

しかし、行きたいけれど長い休みが取れないというのなら、住まいの近くにある「八十八ヵ所巡り」がおすすめです。西国三十三所、坂東三十三観音、秩父三十四所観音霊場や多摩四国八十八箇所などはよく知られています。千光寺《せんこうじ》の「山内《さんだい》四国八十八ヵ所巡礼」では、一日で五キロメートルを歩くプチお遍路を体験できます。

私は、高野山《こうやさん》で修行した後に、弘法大師《こうぼうだいし》（空海《くうかい》）の生き方を肌で感じたいという強い思いから、四国八十八ヶ所の霊場を歩いて巡りました。当時は若くて体力にも自信がありましたから、地元の高山から徒歩で出発しました。飛騨から岐阜、東海道を歩き、大阪を経て西宮のフェリー乗り場から船で淡路島に渡り、そこから南下して、やっとの思いで札所一番がある徳島県に到着しました。冬場の旅でしたから、雪が舞うこともしばしばありました。四国を一周し、帰りは徳島から船で和歌山へ渡り、昔の高野山へ登る「町石道《ちょういしみち》」

を経て、高野山まで全長二〇〇〇キロメートルにもなる長い行程を六五日間で踏破しました。この「歩き遍路」は、まさに「瞑想を楽しみながらの旅」そのものでした。

一人の遍路は誰とも話をしません。むしろ自分との対話です。ただ歩くだけですが、毎日三〇～四〇キロを歩き続けることは、それはそれで大変な行になります。自分の弱い部分と向き合うことになりますから、簡単なようで、結構大変な毎日でした。誰とも話さずに歩き続けるといろいろなこと、想念がわき起こります。小さい時の思い出から始まり、家族のこと、学童時代から修行生活の人間関係までじつに心の奥底に潜《ひそ》んでいる大量の思いや行動を自分なりに整理し、反省する作業でもあります。まさに、懺悔《ざんげ》的に自己観察ができます。

この訓練が後の自己分析、洞察をする時の「洞察瞑想」に役立ちました。今の生活の在り方を見直してみる、仕事の在り方を見直してみる、家族との絆《きずな》や人間関係を見直してみる、友人や知人との関係を見直してみるなどと、日頃はできない自分やまわりのことを洞察できる時間でもあります。

最近は「聖地巡礼」が流行《はや》っています。本来は宗教的な聖地を巡ることを意味していますが、若者には映画やテレビのアニメやドラマで登場した特別な場所が「聖地」に選ばれているようです。数年前、私の住む飛騨でも、映画「君の名は。」で一躍有名になった飛騨古川町に若者たちが殺到しました。

「聖地を訪ねる」ことは「日常から非日常へ」という意識が働きます。普段の生活環境にはない風景や空気感を味わうことで、気持ちのよい自分を感じることができるのです。心が惹《ひ》かれる場所や、興味のわく聖地に行き、そこで静かに呼吸を整えると自分の生きる意味を再認識することができます。

また、聖地での過ごし方がわからないという人なら、私が毎年主催している「スピリチュアルケア・瞑想の旅」に参加してみてください。一週間程度の海外ツアーですが、訪問国でのパワースポットを中心に、毎日少しずつ瞑想をしながら旅をします。風景のきれいなところや聖地での瞑想を体験することによって、「こんなふうにすればいいんだな」とやり方がわかるはずです。詳しくは千光寺のホームページをご覧ください。

「臨床宗教師」の役割について

私は以前から心のケアの一環として、病院や福祉施設でスピリチュアルケア（たましいのケア）を実践してきました。活動を始めた三〇年前はまわりの理解が少なく、「何で坊さんが病院にいるの」と揶揄《やゆ》する声さえありました。しかし、地道に臨床活動や町創りのネットワーク活動を続けるうちに、同じような気持ちを持つ宗教家や医療者が増えました。今では多くの仲間ができ、日本スピリチュアルケア学会を設立し、心のケアの専門家の養成や資格認定に携《たずさ》わっています。祈りを信じて地道な活動を続けて努力した甲斐がありました。

加えて最近は、日本臨床宗教師会も組織化でき、認定臨床宗教師としても活動しています。私は飛騨の地を中心に、病床で苦しむ人々の心のサポートを長年続けてきましたが、そういう実績も臨床宗教師を育てる大切なミッションとなりました。

臨床宗教師とは、まだ耳慣れないかもしれませんが、「公共空間で、宗教勧誘をせずに、心のケアをする宗教家」のことです。公共空間とは宗教施設以外の社会を指しています。つまり、臨床宗教師にカウンセリングを受けても、あるいは一緒に活動しても、教義を押しつけられたり、布教を強要されたりという宗教勧誘はありません。欧米ではチャプレンと呼ばれ、早くから社会に受け容《い》れられ活動してきました。

日本では、江戸時代の徳川幕府が定めた宗教政策である檀家制度の余波が、宗教家の活動を限定しました。しかし、もっと昔は分け隔てなく僧侶の社会活動がありました。

遠く奈良時代には行基《ぎょうき》さんや勤操《ごんぞう》さんが、平安時代には空海さんや最澄《さいちょう》さん、鎌倉期には忍性《にんしょう》さんや叡尊《えいぞん》さんなどが社会福祉事業を展開し、法然《ほうねん》さんや親鸞《しんらん》さんが念仏を一般に広めました。宗教家が社会での貧困や飢餓《きが》で苦しむ人を救済した歴史は表には出ませんが、背景にはたゆまぬ努力があったのです。

ところが明治時代に行われた廃仏毀釈《はいぶつきしゃく》という誤った宗教政策で、仏教が衰退しました。「葬式仏教」と揶揄される背景には、政策的に公的な空間で宗教活動を禁じられたことがあります。しかし、それだけでなく、近年には僧侶が檀家や特定信徒だけの儀式に追われ、広く社会活動をしなくなったことも批判される原因の一つでもあります。

日本での臨床宗教師誕生のきっかけは、二〇一一年の東日本大震災でした。悲劇的大惨事に多くの宗教家が「布教や宗教勧誘をしないで人々をケアする」ことにあたりました。こんな経緯があって、二〇一二年に東北大学が日本で初めて臨床宗教師を養成するプログラムを始めました。その後、臨床宗教師を養成する大学や民間団体が少しずつ広がり、二〇一六年には認定組織として日本臨床宗教師会が発足しました。二〇一八年秋までに八つの大学と一つのＮＰＯ法人が養成機関として登録しています。

被災地では臨床宗教師による「カフェ・デ・モンク」という移動喫茶店を各地に開き、気軽にお茶を飲みながら何でも話していい場所作りをしてきました。宗教家と心を開いて語り合う場や時間が、被災された方々に癒しと立ち上がる勇気をもたらしたのです。

しかし、臨床宗教師は被災された方だけを対象にしているわけではありません。「一人の人間として、目の前の人と対峙《たいじ》し、その人格を最大限に尊重して必要な行動（ケア）にあたること」をモットーにしています。もしも心に問題を抱えていたら、気軽に相談してみてください。詳しくは日本臨床宗教師会のホームページ（sicj.or.jp/）を参照してください。全国に点在する臨床宗教師があなたの自立をサポートします。

今後、日本社会では公共空間での臨床宗教師の活動が大いに期待されるでしょう。また、臨床宗教師の中には瞑想を活用できる人も少なくありません。

瞑想とスピリチュアリティ

スピリチュアルケアや臨床瞑想法は「心理モデル」の範疇《はんちゅう》に入りますが、じつは今、日本の医療やケアの整備及び実践の面で遅れているのが、この心理モデルなのです。

心理モデルとは、本来、心のケアに関する領域（職場ストレス関連やメンタルヘルス、臨床での心理援助など）を扱います。しかし、最近では家族の自死ケアや死別悲嘆のケア（グリーフケア）なども含まれるようになり、統合的なケアであり多彩な領域です。

近年のケアのモデルには、①医療モデル、②予防／環境モデル、③心理モデル、④生活モデルがあるとされています（『ケアを問いなおす――「深層の時間」と高齢化社会』広井良典、ちくま新書刊、一九九七年)。

セラピストなどの対人援助職が行うスピリチュアルケアならば、①〜④の四つを統合したケアを学ぶことが必要です。

ここで、少し専門的になりますが、心理的援助とスピリチュアルケアとの違いについて、ユング心理学を参考にして考えてみましょう(『ユング心理学の世界』樋口和彦、創元社刊、一九七八年)。

心理的援助とは、セラピストがクライアントの心の活動である思考(thinking)・感情(feeling)・感覚(sensation)・直観(intuition)の四つの機能を総合的に活用して、クライアントに関わることです。ここでいう思考とは、物事を大枠で把握し、やや客観的に理論的な形成をすることです。感情は、物事を好き嫌いなどのフィーリングで評価決定しようとする主観的な働きです。感覚とは、事実に基づいた部分を感覚で認知しようとする働きです。直観とは、事物の背後にあって、その機能や可能性を瞬間的に把握しようとする心の働きともいえます。思考と感情、感覚と直観はそれぞれ対立関係を持ち、外交的、内向的なタイプによって表現も異なってきます。

50ページの図をみてください。スピリチュアリティとは、人間の本性である心理的な側面に加えて、自己を超えた「超越性」や「統合性」に至る広範な領域までを含みます。

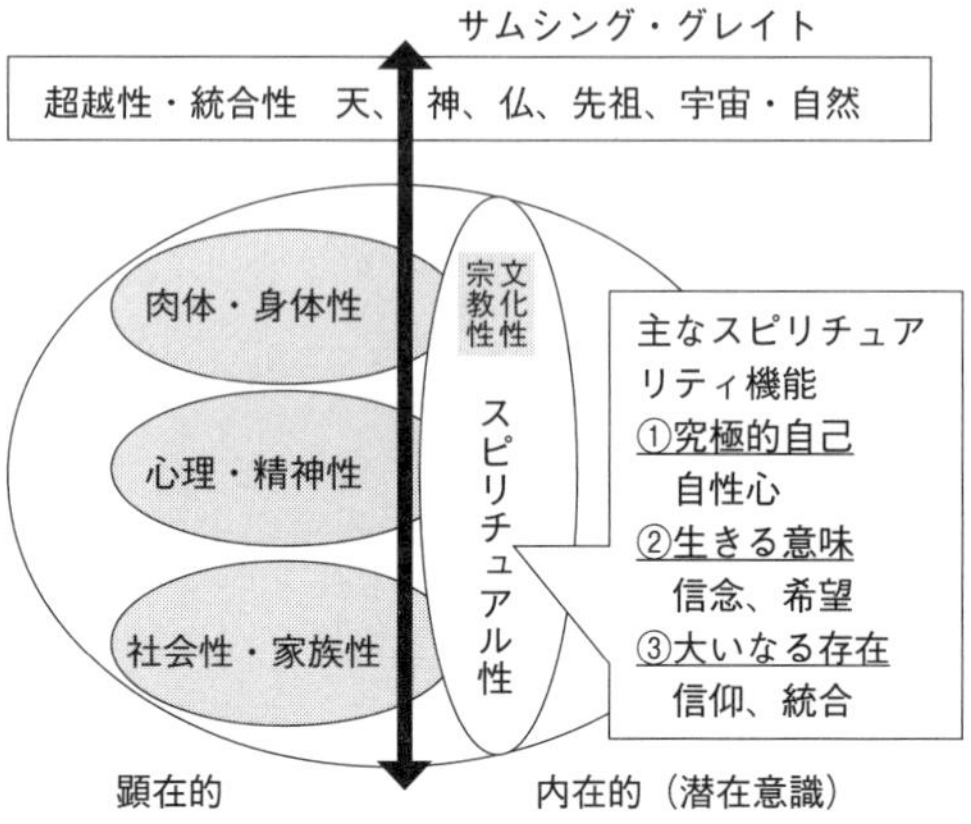

●スピリチュアリティの概念図　　大下大圓（2005／2008）

「超越性」とは、ユングの集合的無意識のことでもあり、アメリカの心理学者アブラハム・H・マズローが提唱したトランスパーソナル心理学の概念で、自己概念を超えた意識をいいます。「統合性」とは、ケン・ウィルバーが東西のスピリチュアルな世界を統合した最も新しい概念として提唱しています。

構造的に考えると、図にあるように心理学を平行軸の領域とすると、スピリチュアリティは垂直軸の領域に相当します。

スピリチュアリティは、一九九八年にWHOが憲章の健康定義に入れる方向で議論が始まりましたが、当初は国際論文にもあまり登場しませんでした。しかし、今では国際論文検索で三〇〇万本もヒットして、よく耳にする言葉となりました。

スピリチュアリティの訳語は多義的であって一言ではいえないのですが、「自己への関心、生きる意味、信念、信仰や自己を越えた統合的、超越的なエネルギーへの関心」までもが含まれています。

人間の意識は、日常的な身体性、心理性、社会性を中心とする平行軸と、可視化できない領域の垂直軸の構造で理解することがポイントなのです。

日常的な心の探求は心理学的な側面で考察していくことができますが、スピリチュアルな次元は宗教的瞑想の境地が育《はぐく》んできた歴史と文化があります。

今日世界で行われている新しい瞑想スタイルの多くは、古《いにしえ》からの宗教伝統から生み出され発展してきました。そこで、世界の宗教では瞑想をどのように教義や修行モデルに取り入れ、精神的、スピリチュアルな成長につなげてきたかを次にみてみることにします。

◉ユダヤ教の瞑想◉

ここでは特にユダヤ教の歴史の中で瞑想を扱う部門をピックアップしてみたいと思います。私が注目したユダヤ教の瞑想は、「カバラー（Cabbala)」の神秘思想に多くの瞑想的文脈を発見したことです。

カバラーとは「伝承する」という意味のヘブライ語に由来し、宇宙と人間との関係について、詳細な世界観を持つその起源は中世まで遡《さかのぼ》るといわれています。生命の樹（セフィロト）と呼ばれる象徴図をイメージし、その中に神の属性が反映されていると説明します。一神教でありながら多神教や汎神論に近い世界観を持っているのが特徴です。

カバラーは、その後のイスラム神秘主義の中でも歴史的にも多くの変遷をみますが、『ゾーハル』（光輝の書）を書いたモシュ・デ・レオンが、カバラーの瞑想の中心的心理思想を次のように説明しています。

それは「**宇宙の万物は絶えず相互に作用し合っており、すべての根底には、それ以上単純化しようのない秩序が存在する**」ことであり、瞑想は「**自我の滅却を促すもの**」ということです（『カバラー心理学―ユダヤ教神秘主義入門』エドワード・ホフマン著、村木詔司・今西康子訳、人文書院刊、二〇〇六年）。

このように断食、呼吸訓練、リズミカルな詠唱を用いて、高次の意識状態を作り出すという身体と精神の健康を説くカバラーの瞑想法は、チベット仏教やヨーガの瞑想法と似ている部分もあり、東西交流の影響を感じさせる大変興味深いものです。

◉キリスト教の瞑想◉

キリスト教では瞑想のことを「観想」ともいい、ラテン語でcontenpalatio、英語で

contemplationと表記されることもあります。

『新カトリック大事典』（新カトリック大事典編纂《へんさん》委員会、研究社刊、一九九八年）によれば、観想とは「**祈りの一つの型で、神の恩恵を受けて、神の現存と働きを自覚しつつ、あたかも目にみえないほうを見ているように、神が啓示した事柄、時に神、キリストを眺め、一瞥《いちべつ》してそれに引き込まれていく心の奥底で行われる対話である**」と明記されています。

観想は黙想と同じ意味に用いられることもありますが、伝統的には区別されます。さらに、観想は「獲得的観想」と「注賜的観想」の二つに大別されています。

キリスト教の中でも神秘主義的な部門を強調するイグナチオは、深い信仰生活を獲得していく中で「**愛を得るための観想**」をすすめます。その瞑想は「キリストの受難と十字架を観想」するもので、次の四段階の過程を持つと説明しています。

①「神が自分のためにどんなに多くをなしてくれたか」

②「神が被造物に内在的（存在、生命、感覚性）に宿るのをみる」

③「神が如何に地上のあらゆる事物にあって私のために働き、労苦し給うかを考察する」

④「すべての善と賜物《たまわりもの》が上より下ってくるのをみる。私の有限な力が志高無限な力か

ら垂直的に降りるのを眺める」

これらの瞑想のプロセスは「**自己の中に躍動する神の活きを体験し、その後に自己の殻を破砕し、万物の中に躍動する神の活きに身を捧げる最高の愛**」を獲得していくことです（『禅仏教とキリスト教神秘主義』門脇佳吉、岩波書店刊、二〇一四年）。

主にキリスト教における瞑想や観想は、上から下りてくる啓示すべき神とそれを受け容れる自己との関係性を吟味するものです。したがってそこには、神に対する絶対的な信念や信仰があって初めて観想が成立します。

伝統的キリスト教における瞑想は、神へ向かう絶対的な信仰、敬愛の念と神からの恩恵を賜るという徹底した垂直軸の構造にあり、その証として瞑想によって得た内的霊力を人々への実践的な慈善活動として展開するものと理解できます。

仏教の瞑想の基本的スタンスは、どこまでも自己を究明することと比較してみると、その違いは明確です。徹底した自我滅却と永遠なる自由性に到達する方向性は、極めて近い感覚がありますが、絶対者との関係性を意識した瞑想か否かにその差異があります。

◉イスラム教の瞑想◉

国際観光都市である飛騨高山では、ムスリム（イスラム教徒）の人が町を歩いている光景に出会うことがあります。そのため、ホテル業を営んでいる経営者からは「イスラム教徒が祈れる場所がほしい」との要望もあります。千光寺の国際平和瞑想センターでは、その要望も実現したいと思っています。

イスラム教はマホメット（ムハンマド）によって開かれた宗教ですが、ユダヤ教やキリスト教と並んで一神教の世界観があります。一四世紀にイスラーム王朝に仕えたイブン・ハンドゥーンは、一神教の宗教観について、次のように語っています（『歴史序説―人類の知的遺産22、イブン＝ハンドゥーン』森本公誠、講談社刊、一九八〇年）。

「**人類には抑制力を行使する権威の存在が必要不可欠である**ことを説明している。なおまた彼らは次のようにも言っている。この権威は、神によって課せられ、一人の人間を通じて啓示された宗教法によってのみ存在する」

イスラム教において強調されることは、神からの意思を唯一マホメットによって示された啓示とする信仰なのです。信仰面において、あらゆる妥協を許さない強い宗教観があります。それが原理主義に陥ると内外の宗教対立となって、激しい宗教的、民族的な争いを生み出す構図となります。

イスラム教の支配能力は、社会統合機能を表す連帯意識に反映されて、今日のイスラム教徒の世界的ネットワークの統制力を至るところでみせつけられます。

九世紀に成立したといわれるイスラム教の倫理観は次の五大原則で成立しています（『イスラームの倫理─アブドゥル・ジャッバール研究』塩屋和子、未來社刊、二〇〇一年）。

①　神の唯一性＝神の他に永遠なものを認めない。
②　神の正義＝神の行為はすべてが本質的に善であり、正義であるという神義論。
③　天国の約束と地獄の威嚇《いかく》＝人間は現世での行為によって、来世の地位が約束される。
④　中間の立場＝信仰と行為の問題において、罪を犯した者でもイスラーム教徒である限りは不信仰者ではなく、不義者という中間の立場であるとする。
⑤　善行を命じ悪行を禁じること＝勧善懲悪《かんぜんちょうあく》の遂行を要請する立場を示し、実践的な道徳律を標榜《ひょうぼう》する。

このような厳格な行動規範の中にあって、特に神秘主義を説くものに「スーフィズム（Sufism）」があります。スーフィズムは「人間本性の消滅のうちに体認される神的本性の絶対性」という定義があり、その内的な観念として、スーフィズムの瞑想的な祈りが展開されます（『イスラーム神秘主義におけるペルソナの理念』R・A・ニコルソン、中村潔訳、人文書院刊、一九八一年）。

スーフィーは聖典『コーラン』にあるように、神の偏在性と超越性を同時に認識する考え方です。それは禁欲的で厳しい修行をし、神との一体化を求める祈りです。スーフィーは導師の指導の下に、組織で決められた「マカーマート」と呼ばれる修行を段階的に行います。最終的には、雑念を捨て去り一心に神のみを思い、やがて神と合一する悟りの境地を会得します。そういうスーフィーでは、聖典『コーラン』と「スンナ」と呼ばれるマホメットの慣行に基づく律法を根本として修行します。この修行は地獄へ落ちないために、「神を知り、(次に) 神を愛し、そして神との合一に達するための魂の浄化の手段」として定められたものでした。

スーフィーは、それ自体にイスラム教の神秘思想を反映したものですが、最終的な目的は神との合一によって、自我を超えるという教えなのです。

現在、世界宗教の一つといわれるイスラム教は、どんな階級や貧富であっても、神の前においては平等であるという徹底した構造が、信者を増やしているといえるでしょう。

◉東洋思想の源流　ヨーガの瞑想◉

インダス文明の古代遺跡の出土遺物に瞑想のポーズがあるように、瞑想は何といってもインドのヨーガが本流であり、瞑想とヨーガは切っても切れない関係です。

ヨーガ（yoga）とはサンスクリット語で「**くびきでつなぐ、結合する、連結する、一緒になる**」の語義を持ち、名詞としては「絆、拘束、支配、束縛」などの意を表します（『ヨーガの思想』山下博司、講談社刊、二〇〇九年）。

インドでは伝統的に七つのヨーガ系統があります（『真言密教・阿字観瞑想入門』山崎泰廣、春秋社刊、二〇〇三年）。①ラジャ（王）・ヨーガ（心理的）、②ハタ（協力）・ヨーガ（生理的）、③ジュニャーナ（智）・ヨーガ（哲学的）、④カルマ（行為）・ヨーガ（倫理的）、⑤バクティ（誠信）・ヨーガ（宗教的）、⑥ラヤ（超常）・ヨーガ（超心理的）、⑦マントラ（真言）・ヨーガ（呪法的）です。

インドの最古の文献である『ヴェーダ』には「バラモン的価値世界」と「ヨーガ的価値世界」の二つの世界観があるといわれています。

バラモン的価値世界は祭官、司祭をバラモンという特権階級の僧侶が担当し、身分階級としてのカースト・ヴァルナ制度の是認・強化に重点を置きました。

ヨーガ的価値世界はヨーガ行者によって支えられ、カースト・ヴァルナ制の否認・解消を目的としたものでした。その歴史的背景を探ると、『ヴェーダ』はバラモン至上主義であり、アーリアからの外来でその起源はイランに遡ります。学習による知識を重視し、祭祀には動物を供養しました。

インドのヨーガにおける瞑想は、最古の『ウパニシャッド』（紀元前八〇〇〜二〇〇年）の『カタ・ウパニシャッド（katha UP、Ⅲ、一三）』に、「**ヨーガはすべての心理器官をしっかりと抑制して働かないようにする操作をすることである**」という意味が説かれています。さらにこの経典には、至上の境地という悟りに至るための記述として「賢者は語（感覚器官の代表）を意のうちに拘制すべし。次にこの意を智我のうちに拘制すべし。次にこの智を大《たい》我《が》のうちに拘制すべし。最後にこれを寂静《じゃくじょう》我《が》のうちに拘制すべし」とあり、「語―意―智我―大我―寂静我」という心の変容を果たします（『ヨーガの宗教理念』佐保田鶴治、平河出版社刊、一九七一年）。

このようにインドの瞑想はヨーガ行者が最終的に悟りを目指す修行として発展してきました。

ヨーガの根本経典『ヨーガスートラ』は、全四章で計一九五の詩文で成立しています。「八支ヨーガ（アシュタンガ・ヨーガ）」ともいわれ、外部部門（一〜五）と内部部門（六〜八）の八部門で構成されます。

外部部門（バヒル・アンガ）は、ヨーガの心理的、生理的手順で、内部部門（アンタル・アンガ）は、それを踏まえての最終段階に至るプロセスが示されています。

具体的に表記すると、①禁戒（ヤマ）、②勧戒（ニヤマ）、③坐法（アーサナ）、④調息《ちょうそく》

（プラーナーヤーマ）、⑤制感（プラティヤーハーラ）、⑥凝念《ぎょうねん》（ダーラナー）、⑦静慮（ディヤーナ）、⑧三昧《さんまい》（サマーディ）となります（『ヨーガの思想』）。

次に、呼吸を表す「調息（プラーナーヤーマ）」を説明します。プラーナとは「息、命、生気」などの意味があって、瞑想の導入においては最も基本となるところです。息を吸い込み（プーラカ）、息を保ち（クンパカ）、息を吐く（レーチャカ）という営みが、ヨーガの重要な呼吸法です（『解説ヨーガスートラ』佐保田鶴治、平河出版社刊、一九八〇年）。

「坐りがととのったところで、調気を行ずる。調気とはあらい呼吸の流れを経ちきってしまうことである（二章四九節）。

調気は出息と入息と保息とからなり、空間と時間と数とによって測定され、そして長くかつ細かい（二章五〇節）。

第四の調気は、外部及び内部の測定対象を充分に見極めた後になされる止息である（二章五一節）。

調気を行ずることによって、心のかがやきを覆いかくしていた煩悩《ぼんのう》が消え去る（二章五二節）。」

ここでは、まず荒い呼吸を断ち切ってしまい、長く静かな出入りの呼吸を大切にすることが強調されています。特徴として、静かな呼吸の途中に行われる止息という呼吸調整をすることです。呼吸を調和されることによって、本来の心が持っていた輝きが増すことを教えています。これは仏教の自性清浄心《じしょうしょうじょうしん》、あるいは金剛心《こんごうしん》と呼ばれているもので、『ヨーガスートラ』とブッダスートラとの相関性を感じるところでもあります。

呼吸の次には、意識をコントロールするために、一点に集中することが強調されます。ヨーガの語源には「結合する、連結する」の意味がありましたね。凝念という自意識を特定の方向や位置につなぎ、その対象の静に意識を向けることによって、対象である客体と自意識が一緒になっていく穏やかな境地が三昧といわれるものなのです。

凝念の場所は、臍《へそ》、心臓、頭、鼻の先、舌などの身体の一部や、外界の特定した対象です。静慮は、仏教では禅定と音訳され、日本では座禅の「禅」ともいわれるようになりました。

ヨーガ行者にとって最高の境地とは、あらゆる分別を超えた悟りの境地をいいます。それは人間が持っている人生の苦悩である煩悩や過去からの業の連鎖を克服し、自意識を覆っていた一切の煩悩の汚れを消し去ってしまった後に、少しの自意識を保持している状態です。

前述の『カタ・ウパニシャッド』にあったように、ヨーガの目的は心理器官をしっかりと抑制と調和を促し、最後に大我を得て、寂静我を獲得してプルシャ（真我《しんが》）の境地に至ることなのです。

また『ヨーガスートラ三章三七節』には、これからの超能力は雑念にとらわれている人間にとっては有効だが、三昧の境地に達している行者には、修行の障害になると戒《いまし》めています。

瞑想はあくまでも、自心の平安を得ることにあって、超能力を得ることが瞑想修行の目的ではないということです。

ヨーガは厳しい瞑想修行によって得られる真我（purusa）と自性《じしょう》（prakiti）の本質を体感することといわれていますが、それによって出現する三昧の境地によって、五つの叡《えい》智《ち》が生まれるとされます。それは、「真理のみを保有する英知、支配力、離憂霊脳、照明智、最高直感智、法雲三昧」を獲得することです。

初期仏経典の中に出てくる瞑想の記述には、『ヨーガスートラ』と非常によく似た表現もあり、当時のインドでは瞑想は共通の修道ツールだったと理解できます。ヨーガの行法は密教の瞑想にも取り入れられて発展してきたのです。

コラム 事故や震災による心の傷を癒す

日本では、毎年どこかで大きな事故や自然災害で多くの尊《とうと》い命が奪われています。私はこれまで長年にわたって、事故や震災犠牲者の残されたご家族と向き合ってきました。「阪神淡路大震災」「オウム真理教事件」「ＪＲ福知山線脱線事故」「東日本大震災」「御嶽山噴火災害」「熊本地震」など、今もその一部のご家族との交流は続いています。

たとえば、東日本大震災で家族を失った人々の心のつらさを聴くにつれ、悲しみの傷はそんなに簡単には癒えないという現実も理解できるようになりました。

「みやぎ心のケアセンター」が、震災後にご遺族の心理状態を次のように分類しています。特に悲嘆感情（グリーフ）のさまざまな反応については、心理的な側面として「悲しみ、怒り、罪悪感、ショック、思慕、嫉妬」などがあり、肉体的には「頭痛、めまい、疲労、息切れ、震え」が表出しました。さらに、認知的には「信じられない、集中できない、霧がかかったようで現実と思えない、故人を感じる」とあり、行動的には「涙が止まらない、ひきこもる、故人を探す、落ち着かない、過活動、睡眠障害」などが起こっています。スピリチュアルな面では「虚無感、生きている意味がわからない、絶望感」などがあると報告しています。

地震や津波でご自身も大変な経験をされながら、被災者に寄り添っている気仙沼市の保健師・三浦京子さんは、災害公営住宅や防災集団移転等の転居先を一軒一軒訪問し、健康状態の把握と健康相談を実施しています。三浦さんは「災害公営住宅は、独居高齢者の割合が市全体より高く、住宅の構造から仮設住宅のような見守りは難しい状況にある」と報告しています。そして、新たなコミュニティの中でのつながりが難しい独居高齢者、生きづらさを抱えアルコールに依存して孤立していく人、わが子を失いながらも震災後に生まれた子を必死に育てようとして体調を崩している母親など、一人ひとりが抱える心の問題は、まだまだ多い状況であると教えてくれました。

三浦さんなど被災地の保健師さんからのお声がけもあって、私の三県にまたがる被災地訪問はすでに八〇回を越えました。仮設住宅や市のセンターだけでなく、災害公営住宅の集会場や復興住宅の集会場などで、住民と触れ合う貴重な機会を得ています。二〇一九年一月には、宮城県保健師連絡協議会の依頼で「心と身体をリフレッシュする臨床瞑想法」と題して、県内の保健師さんたちを対象にワークショップを行いました。この活動なども震災後の地道で継続的な絆作りが実を結んだ証なのです。

第三章
臨床瞑想法
——四つの「瞑想力」

癒しとケアの「臨床瞑想法」

高野山《こうやさん》、スリランカ、インド、そして再び日本と仏教瞑想の研鑽《けんさん》を続ける中で、私は臨床場面でベッドに横たわる患者さんの同意を得ながら、瞑想療法を実践してきました。

この貴重な経験は、病気の進行にともなって身体的な苦しさが増し、会話がうまくできない状態の患者さんであっても、自分の過去を振り返ったり、呼吸法で心身の緩和につながることを発見したのです。

そこで高野山大学の客員教授を終えた後に、以前からスピリチュアルケア研究で親交のあったカール・ベッカー教授を頼り、京都大学こころの未来研究センターに研修員として入学しました。国立大学の豊富な文献を基に「瞑想の臨床応用」を研究することができ、現代人の瞑想のストレス・リダクションについて探求しました。そして、過去の病気にこだわるのではなく、ストレス生活の改善法や健康生成という瞑想による健康寿命を目的とする研究を深めたのです。その成果は『瞑想療法』（医学書院刊、二〇一〇年）にまとめました。

さらに、対人援助のツールに瞑想を活用する教育法として、独自に考案したのが「臨床瞑想法」という方法論、メソッドでした。

このメソッドは、「臨床場面で対人援助を目的として実施する瞑想及びその活用法」であり、一般の瞑想（自分のための瞑想）と区別して「臨床瞑想法」と呼ぶことにしました。「臨床」というと、みなさんの多くはベッドサイド、それも病院のベッドを連想するかもしれません。しかし、私はそうした医療分野に限定せず、心理・教育・宗教等を含めた対人援助の「現場」を総合して、「臨床」と考えています。

また、瞑想をセラピーに応用することを「瞑想療法」ともいいますが、一般に心身を癒《いや》す効果があります。瞑想セラピーとは「瞑想の持つ多義的な機能を活用して、心身の状態の改善や、人間性・スピリチュアリティの向上を目指す、心理的・精神的なアプローチ」なのです。

なお、この章では瞑想に参加する人のことを「クライアント」、クライアントをリードして瞑想を促す人のことを「セラピスト」として話を進めます。臨床瞑想法の実践においては、セラピストが「瞑想の基本理論について理解していること」と、「実践の仕方や援助技術を習得していること」が必須です。そのうえで、68ページの二点が大事なポイントとなります。

① 瞑想を活用して、クライアントが癒された感覚を持てるように援助すること。
② 瞑想を活用して、クライアント自身の内なる世界（スピリチュアリティ）の探求を導き、スピリチュアルケアとして実践すること。

①は、セラピストが目前のクライアントに対して十分な面談（アセスメント）をして、この章で詳しく述べる四つの瞑想メソッドを実践することです。それによって、クライアントが「楽になった」とか「気分が改善した」などと好転的な反応、あるいは陽性反応を示せるように支援することをいいます。

②においては、傾聴やスピリチュアルケアを理解し、そのスキルを習得しているセラピストが「クライアントに語ってもらう場面」としてナラティブ・ベースト・メディスン（Narrative Based Medicine：ＮＢＭ）を実践することになります。ＮＢＭとは「物語に基づく医療」の意味があり、クライアントが語る病気やつらい体験を、セラピストが真摯《しんし》に聴き理解を深め、対話することによって問題解決に向けた新しい物語を作り出すことです。しかし、クライアントによっては、十分な言語表現ができないこともありますので、ＮＢＭだけでは目的が果たせないことも多いのです。

その場合も、たとえ口には出せなくとも、心で感じたり、思ったり、考えたりしているクライアントの内なる意識の力は相当なものがありますので、セラピストにはそれらを感じ取る力が求められます。

そして、クライアントがそれまで気づかなかった自身や他者への思いを再構築しようとする時、セラピストはリードしたりサポートしたりする能力が必要になることがあります。このように、臨床瞑想法とはクライアントの同意や共感を得た後、瞑想を活用してその内面的な洞察をお手伝いすることなのです。まさに、臨床瞑想法はスピリチュアルケアの一つの方法論といえるのです。

私が臨床瞑想法として考案した四つの瞑想とは、「**ゆるめる瞑想**」「**みつめる瞑想**」「**たかめる瞑想**」「**ゆだねる瞑想**」です。この四つの「瞑想力」の理論と実習体系を明らかにして、人々に広めるために千光寺《せんこうじ》はもちろんのこと、日本各地で研修を行っています。

「瞑想力」の三つの効果

これまでの医科学的研究では、瞑想することによって大きく三つの効果があることがわかっています。

①　**能力の開発**

人の潜在意識を引き出し、学習能力、思考力、創造力などをたかめて、学力向上、仕事業績・職場成績の向上などにつながるということ。

②　**ストレスの解消**

自律神経の安定性、知覚・運動神経の発達、感覚機能の鋭敏化、不安減少、不眠解消、老化予防、喘息《ぜんそく》などの好転に役立つということ。

③　**スピリチュアリティの向上・人格の発達**

集中力の向上、包括力の増大、思いやり・寛容さの増大、自己実現、社会性や人格の発達に役立つということ。

さらに、瞑想による身体の生理学的反応としては、次のような変化があることがわかりました（『瞑想の生理学』ロバート・キース・ワレス、児玉和夫訳、日経サイエンス社刊、一九九一年）。

①　酸素消費量と二酸化炭素排出量の大幅な減少による深い休息が生じる。
②　呼吸数、分時換気量、心拍数が大幅に低下する。
③　皮膚電気抵抗値が急激に増大するが、これは深いくつろぎ状態を意味する。
④　動脈血の酸素分圧と二酸化炭素分圧、酸塩基平衡、血圧などの安定性が示すよう

に、重要な生理機能は維持されている。

⑤　動脈血中の乳酸濃度が減少する。

⑥　脳波の変化は前頭部と頭頂部でアルファ波とシータ波が増大しており、これは深い休息にありながら目覚めた機敏さを示唆《しさ》する。

これらの瞑想の効果は、アメリカの権威ある専門誌「サイエンス」にも紹介され、予防医学的な視点や健康回復を目指す分野でも研究が行われ、科学的にもその効用や効果について解明されています。国際論文検索でも「瞑想：Meditation」で九六万五八三本の科学論文がヒットします（二〇一九年二月）。

瞑想の医科学的研究は、今や心理学の領域だけでなく、統合医療や緩和医療、老年・長寿、健康に関する保健医療などにも及んでいます。瞑想は迷信でも怪しいものでもなく、現代人の健康作りに欠かせないものといえます。

では、いよいよ「ゆるめる瞑想」「みつめる瞑想」「たかめる瞑想」「ゆだねる瞑想」について、一つずつ具体的に紹介することにします。

ゆるめる瞑想

一言でいうと「緩和、集中」する瞑想法です。

緩和とは「心身をゆるめること」で、ゆるんだ状態で自分自身を取り戻せると、逆に一点に集中できるようになります。

集中する瞑想法を発見したのはヨーガの瞑想者たちですが、仏教に取り入れられて「シャマタ瞑想」（ひたすら呼吸の出入りに集中する瞑想）となりました。この瞑想については、仏教経典の『アーナーパーナサッティスッタ：入出息念経《にゅうしゅつそくねんきょう》』に、「修行者は森に行き、樹下に行き、或いは空屋に行きて結跏趺坐《けっかふざ》し、身を正直に向けて念《ねん》を現前に樹立せしむ」とあります。これは、森や樹木の下、あるいは室内などで「出入りの呼吸に注意を凝らして行う、修習法としての身体、感受、観心、観法すること」として詳しく説明されています。

さらに、中国仏教では天台宗の始祖智顗大師《ちぎだいし》が修行や健康生成法としての瞑想法を教え、『摩訶止観《まかしかん》』『小止観《しょうしかん》』として日本にも導入されました。

つまり、初期段階では「自分の身体に集中」「自分の感覚や感性に集中」「自分の意識や観念に集中」「自分の心身の実体からもっと大きな法に集中」していく瞑想法なのです。

◉呼吸の出入りに集中するのがポイント◉

瞑想の初めは難しいことではなく、ひたすら呼吸の出入りを見続ける訓練します。

私は、一九八〇年にスリランカのコロンボ市内にあるテーラーヴァーダー（上座部仏教）寺院で瞑想生活を送りました。この時、上級僧侶が集中瞑想を体得するコツを教えてくれました。たとえば、歩く瞑想では、「私は今、木をみている」「私は今、木の葉をみている」「私は今、ゆっくり歩いている」というように、ひたすら「ありのままの今の自分の動きを感じながら呼吸すること」と伝授されました。集中力をたかめる訓練には歩く瞑想は最適です。

「ゆるめる瞑想」も同じ要領です。呼吸の出入りを注視して、「私は今、息を吐いている」「私は今、息を吸っている」と、ひたすら呼吸そのものに集中します。「足が痛いな」「寒いな」「明日の仕事は……」などと、次々に雑念がわき起こってきても「呼吸に戻る」「呼吸に戻る」「呼吸に戻る」と、何度も自分に言い聴かせて呼吸の出入りに集中します。これが「シャマタ瞑想」の訓練であり、ゆるめる瞑想のポイントです。

意図的な呼吸（意識的に息を吐くこと）によって身体とのリズムを調和させることがで

きます。息を意識的に吐くことによって、副交感神経が優位になりますから、脳波がアルファ波状態になり、脳内の神経伝達物質であるセロトニンなどの分泌を促す効果があることはわかっています。その結果、深い瞑想は身体にさまざまなよい影響をもたらします。

子どもの頃に自転車の練習をした時のことを思い出してください。最初の頃はハンドルとペダルの連動がうまくできませんよね。でも、毎日練習を重ねていると、ある日突然、自転車を操《あやつ》れるようになり、感動した記憶はありませんか。これと同じで、瞑想も地道な稽古《けいこ》や訓練の積み重ねが大事です。

ゆるめる瞑想をしっかり体得できると、だんだんと深い瞑想に入れるようになります。

◉深い集中状態の「三昧」を味わう◉

ゆるめる瞑想によって心身が緩和すると、リラックス感が味わえます。リラックスできると、深い意識の鎮静状態が出現します。この状態が三昧《さんまい》という集中状態です。三昧については第二章のヨーガの瞑想（60ページ）でも少し述べました。瞑想では大事なことなので、さらにわかりやすく説明しましょう。

三昧とは、「三摩提《さんまだい》」という仏教用語に相当します。原義は「組み立て、合成、組み合わせ」などの意があり、転じて「心を等しく保つこと、心の統一」と解釈されます。この境地は「自分が瞑想をしているという意識すら消滅」し、「形のない瞑想」「瞑想ならざる瞑想」「瞑想を超えた瞑想」ともいわれます（『ヨーガの思想』）。

瞑想が続かない、あるいは苦痛に感じてしまう初期の段階では、この三昧に入れない人が多いようです。すぐには入れなくとも、少しずつ訓練を心がけていると、いつの日かスーッと三昧状態に入れるようになります。

この三昧状態を味わうまでは、呼吸の流れを静かに見続けることが肝心です。そして、ゆるめる瞑想によって三昧の境地が出現したら、次のみつめる瞑想にすぐには行かずに、そのままの集中状態を保っていただいてもいいでしょう。三昧はあなたへのご褒美《ほうび》ですから、その瞬間を大事に保つことも重要です。

みつめる瞑想（観察瞑想・洞察瞑想）

本来、仏教ではありのままに自己の想念を注視し続ける瞑想を重視します。「みつめる瞑想」には、観察と洞察の二つの瞑想があります。

ゆるめる瞑想によって十分緩和され、集中した意識状態は、自己や他者を客観的に観察する冷静な視点を生み出します。これは物事を第三者の視点でみられるようになるということです。

第三者の視点とは、客観的視座のことです。これは、心より深い魂《たましい》に基点を置くことで、視点としては相手と自分の両方を俯瞰《ふかん》できる高い位置に意識を持っていき、その位置で大切に観察することです。スピリット・センタード（79ページ）ともいいます。そのことによって、感情に流されず、事実をありのままに観察し、洞察への準備ができるようになります。

観察瞑想は、「マインドフルネス瞑想」に関連していると考えられます。「マインドフルネス瞑想」については第二章（34ページ）で述べましたが、医療界でも大いに注目されさまざまな臨床研究がなされています。生理学的には、瞑想時の呼吸のコントロールが交感神経系の働きを調整します。さらに、血管への効果的な作用で脳の活動が促され、筋肉の緊張や筋肉への影響を抑制するのに有効な働きをします。その結果、動脈壁はより伸びやかで弾性に富んだものになります。

また、血流はより少ない末梢抵抗に遭遇しつつもスムーズに各器官や組織などに運ばれますから、体内の血流がよくなり、人の健康は向上するという報告もあります。

一方の洞察瞑想は、仏教ではシャマタ・ヴィパッサナー（Samatha-Vipassanā）の瞑想を基に「四諦八正道《したいはっしょうどう》」の実践的修行法として大切にされてきました。これについては80

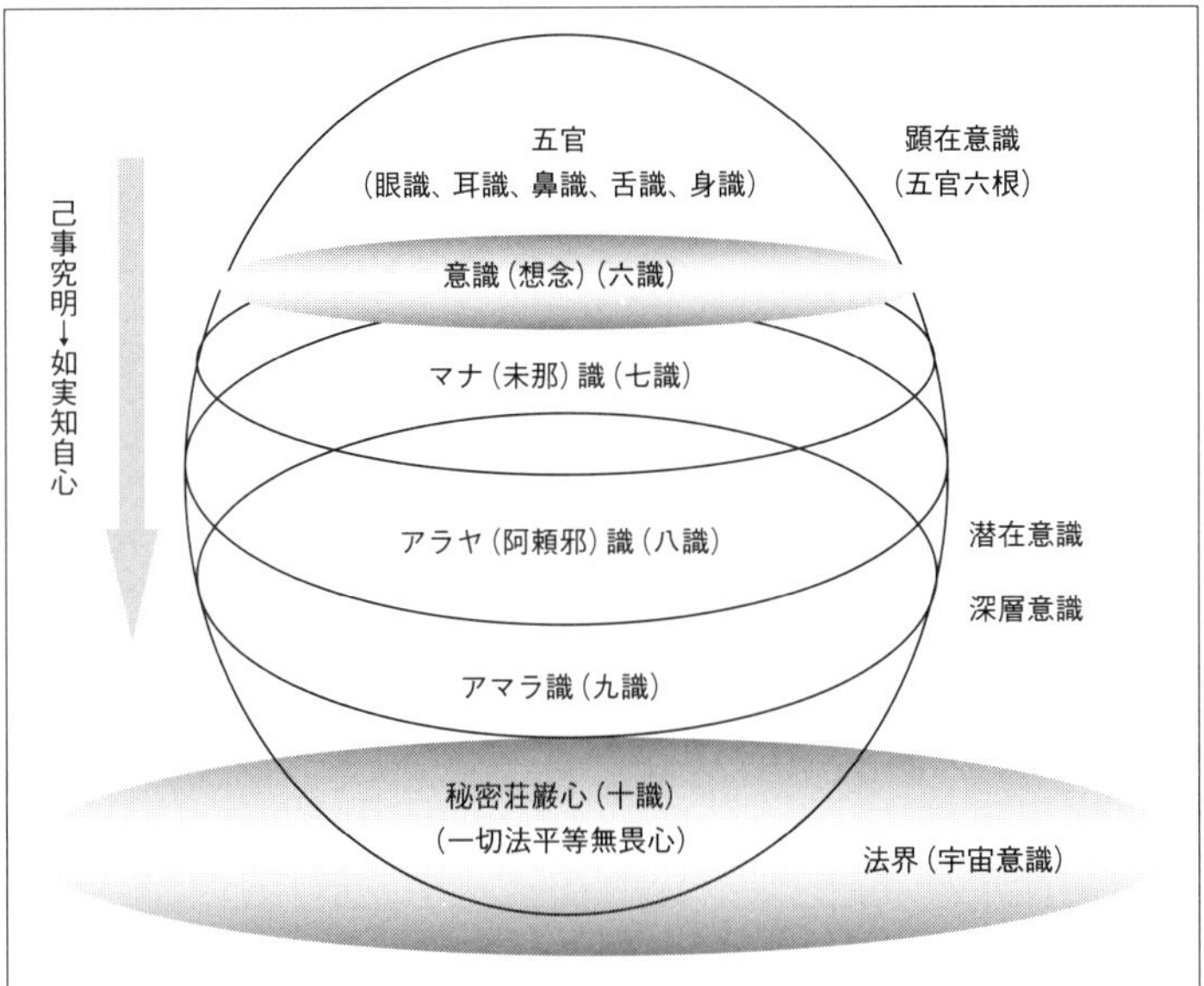

● 心の相関図　　大下大圓（2016）

ページで詳しく述べます。

洞察は分析と似ていますが、分析はどちらかというと、物事を細分化する二元論的な要素がありますが、洞察はつねに全体を眺めつつ、その本質を深く掘り下げる視座です。たとえば、自己の生育歴を洞察する時に、家族の関係性の全体像をみながら、そこで個人がどのような思いを巡らし、どのような行動を取ったかなどを、具体的に考察を深める視座です。

じつは、洞察的、内省的瞑想を実践することが、仏教的な瞑想の王道といえます。

ブッダが四諦八正道で説いた瞑

想法は、当時の欲望と争いが渦巻くインド社会に、欲望のコントロールが大事であることを強調した教えだったのです。

77ページの図をみてください。仏教心理学でもある唯識論《ゆいしきろん》を簡単にまとめたものです。「アラヤ（阿頼耶）識《しき》」までは、自己省察して清浄な仏性に到達し、その後は「たかめる、ゆだねる」瞑想で垂直軸の修練をして「アマラ識、秘密荘厳心《ひみつしょうごんしん》（十識《じゅっしき》）」という宇宙意識を獲得する道程があります。

アラヤ識までは、初期仏教や大乗仏教の心の調整法（四諦八正道、六波羅蜜《ろくはらみつ》）などで意識を浄化する方法です。アマラ識から十識は特に密教の即身成仏《そくしんじょうぶつ》の世界なのです。瞑想法ではみつめる瞑想が初期大乗仏教の範疇《はんちゅう》で、たかめる、ゆだねる瞑想が主に密教瞑想になります。

◉観察瞑想は客観的にみるのがポイント◉

観察とは文字通り、自我意識にとらわれないで対象をどこまでも客観的に見続けることです。自分の心身に起きている事実を、ありのままに認識するのが観察瞑想なのです。

みつめる瞑想の初期段階での目標は、「自分の今の心を知る」ことです。人は気持ちがたかぶったり、感情的になると、今の心の状態を知ることが難しくなります。ですから、瞑想で冷静な自分を取り戻して、じっくりと今の心を観察することが必要なのです。

日常生活でみつめるのは「家庭や社会における今の自分の位置」「複雑な仕事や課題」「対人関係の課題」「ネガティブな自意識」や、深層意識に潜《ひそ》む「過去のトラウマ」「脆弱《ぜいじゃく》感《かん》」「厭世感《えんせいかん》」「コンプレックス」など、人生の課題です。それをありのままに観察します。仏教心理学では、それらはアラヤ識の手前のマナ（末那）識とみます。それらをありのままに観察します。

観察瞑想はさまざまな事実確認を自分の意識や心で行っていく作業といえます。この時「自己の本質的な心理状態を客観的にみることができる位置に置く」という訓練がポイントです。スピリット・センタードです。

人間は感情的な生き物ですから、第三者として自分をみることが苦手《にがて》です。どうしても自己防衛が働き、感情移入して正当化したくなります。しかし、客観的で冷静な視座の訓練を繰り返すことによって、やがてあなたを成長した人格者に育ててくれます。

◉洞察瞑想は冷静な視座がポイント◉

観察瞑想がある程度できるようになったら、次は洞察瞑想です。観察瞑想から洞察瞑想へと深めていくのは一つのステップで、初級から中級を目指すようなものです。

洞察瞑想は、仏教では「四諦の観察と八正道における正見《しょうけん》、正思《しょうし》、正語《しょうご》、正業《しょうごう》、正命《しょうみょう》、正精進《しょうしょうじん》、正念《しょうねん》、正定《しょうじょう》の瞑想」に該当します。四諦は生《しょう》、老《ろう》、病《びょう》、死《し》を乗り越えるための道筋である苦諦《くたい》から始まって、その原因をみつめる集諦《じったい》、滅尽《めつじん》を洞察する滅諦《めったい》、そして実践道としての道諦《どうたい》です。諦とは「あきらかにみること」であり、物事の実態を正しく把握するために「みること、思うこと、語ること」を吟味します。白分の存在性や人生の意味や価値において深い思索を巡らすことにもつながります。

八正道は戒律ではなく、人間として偏った考え方ではなくバランスを大事にした調和ある生き方をするためのポイントです。

正見は、自分中心の見方を改め、第三者で自分をみることです。

正思は自分勝手な思いでなく、相手の立場にも立てる思いです。

正語は思いやりのある言葉がけです。

正業は自らの仕事に誠意を持ってあたることです。

正命は己の短所を自覚し、長所を伸ばす心がけです。

正精進は怠けずに地道な努力することです。

正念は今の自分の意識を注視して、他の幸いを念じることです。

正定は反省的瞑想を忘れずに実践することです。

たとえば、「なぜ私は、誰々を両親としてこの世に生まれたのか」「自分が病気になったり、年を取るのはどんな意味があるか」「自分の死とは何か」「死ぬまでにやっておきたいことは何か」などと、思惟《しゆい》してみることです。物事を正しく純粋に判断できれば、いつでも生死を手放せるのです。そのポイントを八正道というフィルターを通して洞察するのです。

このように洞察瞑想は、俯瞰的な観察瞑想で得た「家庭や社会における今の自分の位置」や「厭世感」などの課題について、その出発点まで遡《さかのぼ》って、原因と結果のありさまをゆっくりとみて分析していく作業です。原因究明をしっかりと行う必要があるので、ここでも冷静で客観的な視座が求められますから、日常生活の中でそのような視座を養うことがポイントです。77ページを参考に、ご自分の生育歴をしっかりとみてください。

怒りや悲しみなどの感情があまりにも強く現れる時は、深い洞察はできません。まだ客観的にみることができない意識状態だということですから、そのまま怒りや悲しみの感情を瞑想的にじっくり観察してみましょう。

じつは、このような難題は観察瞑想で取り上げた時に、はっきりと認識化できます。つまり、そこに今の自分の課題が潜んでいるということがわかるのです。そんな時は、少し時間をおき、クールダウンしてから再度行うのがいいでしょう。

たかめる瞑想

「たかめる」とは、自分の中にある、生きようとする力をたかめることです。

つまり、「たかめる瞑想」とは心身の機能を瞑想によって意図的に向上させようとするもので、健全思考を持つ密教的な瞑想法ともいえます。密教では瞑想のことを瑜伽行《ゆがぎょう》と呼びます。密教瞑想には「たかめる」「ゆだねる」要素が強いのです。

たとえば、密教では人間の五体と宇宙の五大要素、すなわち地水火風空の原理を同格とみて、それぞれの持つ機能を呼吸、身体運動、意識変容などで現在よりもたかめていくことを目指します。内分泌系、自律神経系、免疫系に働きかけて、それぞれの不調和な状態からバランスを取りつつ、部位によってはその機能向上を図るものです。

◉健康寿命を意識するのがポイント◉

このように「たかめる瞑想」とは、一般にいう健康寿命を意識し、心身の健全性をたかめることに他なりません。人間の五官六根（眼、耳、鼻、舌、身、意）や五体を意識しつつ、その機能性をより向上させていきます。

もともとインドでは丹田《たんでん》（臍《へそ》の奥にあたる部分）にある生命エネルギーをたかめる方法が、ヨーガの瞑想法で実践され、その後の仏教にも影響を与えました。

ヨーガでは人体のチャクラは七ヵ所あるとしています。チャクラとは、サンスクリット語で円とか円盤を意味しており、人体の中心を縦に流れるエネルギーの核となるポイントです。それが、後期密教では五つになって、『大日経《だいにちきょう》』などでは五大と称され、五輪塔に発展します。人体の五大は①仙骨《せんこつ》を中心に肉体をつかさどるチャクラ、②臍を中心に感情をつかさどるチャクラ、③胸を中心にメンタルをつかさどるチャクラ、④喉を中心に魂をつかさどるチャクラ、⑤頭部を中心として直観をつかさどるチャクラです。

ヨーガ経典には、身体の感覚機能を調和し心身を克服することによって、より次元の高い境地、本当の我（真我《しんが》）に到達する方法が詳しく説かれています。ヨーガの瞑想法にはかなりストイックな思考や実践性もありますが、長い伝統の中で培《つちか》われた叡智《えいち》が確かにあるのです。そのエネルギーの活用法は、密教に受け継がれてきました。

中国では気功や仙道に用いられて、不老長寿への志向が盛んになりました。また、密教の瞑想にも応用され、月輪観《がちりんかん》、光明《こうみょう》瞑想などに発展します。この密教瞑想はエネルギーレベルや免疫力を調整して、病気と闘い、病気になるのを防ぐといった効果があります。

実際に、瞑想が脳や筋肉に好転的な影響を与えて、健康生成に大きな貢献をしていることは、さまざまな医学研究から解明されています。健康生成とは、私たちが健康を増進するうえで助けとなる力のことです。

具体的には、①心拍・血圧の降下、②脳や心臓への血流の増加、③脳波・筋電信号・皮膚抵抗の正の変化、④睡眠や消化の良好化、⑤イライラ感・不安・抑うつ感の減少、⑥病気の頻度・期間の減少、⑦仕事中の事故やロスの減少、⑧人間関係の改善、⑨自己実現、感情・スピリチュアル指数の向上などがみられます。

また、アレルギー性疾患、喘息、不安、酸性消化性疾患、がん、心臓疾患、うつ（神経症）、糖尿病、高血圧、過敏性腸症候群、偏頭痛、緊張性頭痛、薬物依存（喫煙、アルコールも含む）、その他ほとんどの病気の治癒及び改善がみられるという報告もあります。

さらに、仏教の『摩訶止観』には、瞑想の姿勢や呼吸法を中心に、「気」を充実する方法が次のように説かれています。

① 止―心を安定させて動きを止めること。
② 気―気を充実させて瞑想の心境を確立すること。
③ 息―深呼吸をして息を整えること。
④ 仮想―仏をイメージして心に善なる意識をたかめること。
⑤ 観心―自らの心を省察すること。

⑥　方術―快癒に導くための治療法のこと。

これらの瞑想法と具体的療法で、自らの自然治癒力をたかめます。手順を追って瞑想を行うことによって自らの身心をコントロールし、日々の健康を回復し、安らかな心境に至ることができるとされます。

◉スピリチュアリティもたかまる◉

「たかめる」のは身体レベルだけではなく、「どのように生きるか」というスピリチュアルな側面にも重点が置かれています。これは心身統合論でもあり、「心身一如《しんしんいちにょ》」の生き方なのです。瞑想によって心身の機能がアップすることを目的としたものです。

たかめる瞑想がスピリチュアリティに影響を与える研究は進んでいます。

私自身も、千光寺での瞑想研修や東日本大震災の被災地を訪問し、行政と連携して被災者の健康生成力の強化に瞑想を活用し、その一部を論文に著《あらわ》しました。そこでストレスコーピング（ストレス対処法）として採用した心理尺度表がレジリエンスやSOC（首尾一貫感覚）というものです。

レジリエンスとはM・ラターなどによって提唱された概念です。もともとは物理学の分野における「弾力性」「反発力」を示す言葉で、「深刻な危険性にもかかわらず、適応的な機能を維持しようとする現象」と定義されました。

その後、心理学、精神医学の分野で防御と抵抗力を意味する概念として用いられるようになりました。さらには「人が逆境に遭遇した際の精神疾患に抵抗し、健康な発達を遂げるための防御機能」などとされ、「心理的復元力、心理的回復力、心理的立ち直り」などと表現されて、今日では看護研究等にも応用されています（『看護研究 42巻1号 レジリエンス尺度の標準化の試み「S-H式レジリエンス検査（パート1）」の作成および信頼性・妥当性の検討』佐藤琢志・祐宗省三共著、医学書院刊、二〇〇九年）。

さらに、人格やスピリチュアリティの向上に影響を与えるのが、SOCです。SOCとはユダヤ系アメリカ人の健康社会学者、アーロン・アントノフスキーが開発した理論で、「自分の状況が理解できる（把握可能感）、何とかやっていける（処理可能感）、やりがいや生きる意味が感じられる（有意味感）」の三点です（『健康の謎を解く―ストレス対処と健康保持のメカニズム』アーロン・アントノフスキー、山崎喜比古・吉井清子監訳、有信堂高文社刊、二〇〇一年）。

たかめる瞑想を実践することで、SOCがたかまり、身体機能だけでなく人格やスピリチュアリティの向上を図ることが可能となるのです。

ゆだねる瞑想

「ゆだねる瞑想」は「たかめる瞑想」に連動して起きるものです。その違いを明確に分けることは困難ともいえます。なぜなら、たかめる過程で、ゆだねる意識状態が出現することがあるからです。

あえていえば「たかめる瞑想」は身体レベルの機能高揚を意図していますが、その過程で精神的な次元上昇が出現し、連続して「ゆだねる瞑想」という意識の変成状態に移行することがあります。

つまり、「たかめる瞑想」が、どちらかというと身体面の向上にウエイトを置いているとするならば、「ゆだねる瞑想」は精神面の向上を中心とし、高次のスピリチュアリティが出現することを指標とします。

自我意識を超越して、大いなる意識（サムシング・グレイトなど）に融合、あるいは統合する意識状態といえるのです。小さな我執にとらわれるのでなく、自己や他者を超えた大きな世界に思いを馳せ、「大我《たいが》」に生きる価値をみつけるという意識であり、覚悟の瞑想法です。

これは自分の「命」を「大いなるいのち」や「大いなるエネルギー体」にゆだねることです。「自分の命を何かわからないものにゆだねるなんてできない」という人もいるかもしれません。むしろ、そう考える人は多いかもしれませんね。

しかし、私のいう「ゆだねる」とは、「自分では何もせずにお任せする」という意味ではありません。努力や学びをせずに幸せが棚ぼた式に手に入るように願って、事の成り行きを見守っている姿勢とは真逆にあるものです。いってみれば「人事を尽くして天命を待つ」という心境です。

心が幸福感と安らぎ感に満たされ、「大いなるいのち」と融合している感覚が長時間にわたって継続している状態です。

◉垂直軸を意識するのがポイント◉

じつは、「ゆだねる瞑想」は、密教瞑想そのものといってもいいでしょう。密教においてゆだねる対象となるものは宇宙意識であり、曼荼羅《まんだら》の諸仏であり、「即身成仏」という悟りの境地を獲得することです。

トランスパーソナル心理学的にいえば、現在の意識状態を確認してから、それが次第に変容していくさまを客観的に観察し続ける変成意識のことです。

心理学的には、並行軸としての自己の意識状態を整理して調和を図れたなら、次には縦軸を表す垂直軸への意識を注視します。垂直軸はアセンション（次元上昇）の意味もあって、次第に意識変容していくさまを客観的に観察し続けることです。前提として、自分にとって「大いなるものは何か」を日頃から想定しておくといいでしょう。

◉悟りの境地を身をもって体現する◉

中国から真言密教を日本へ持ち帰った空海《くうかい》さんは自身の著『即身成仏義』で、次のように、語りかけます（カッコ内著者意訳）。

「六大は無碍《むげ》にして常に瑜伽なり」（地、水、火、風、空、識《しき》の物質と意識の統合によって、互いに融合ししつ、互いに連携して等しく存在する。）

「四種曼陀は各離れず」（四種の曼荼羅世界は、融合調和して相離れることはない。）

「三密加持すれば速疾に顕る」（仏と衆生の身口意が互いにエネルギーを享受するがゆえに、速くに成仏円満の境地が現れる。）

「重々帝網《じゅうじゅうたいもう》を即身と名づく」（宇宙世界のすべての縦横のネットワークで連携調和して、この肉身をそのままにして悟りの境地に至る。）

ゆだねる瞑想は、まさにこの悟りの世界をこの身をもって体現すること、それが即身成仏という言葉なのです。

コラム　瞑想は「燃え尽き症候群」を救う

日本では、一九八〇年代からケアに関わる人たちの慢性的で絶え間ないストレスが報告され、「燃え尽き症候群」の一つと考えられてきました。

医療やケア従事者が「燃え尽き症候群」に陥る要因には、仕事の重責、仕事の質や量、士気の低下などがあります。この背景には「責任の重さ、乗り越えなければならない課題、自分や家族の健康、自分の将来、不規則な生活」があり、「かさむ経費、患者との関わり、仕事上の性差別、新しい機器」などへの苛立《いらだ》ち感が影響を与えるという報告もあります（『燃えつき症候群―医師・看護婦・教師のメンタル・ヘルス』土居健郎監修、金剛出版刊、一九八八年）。

特にストレスを感じるものは「仕事内容による緊張感（人命に関わる仕事など）」「チーム医療に関すること（上司の理解不足など）」「労働環境に関すること（時間に追われる仕事、仕事量が多く時間外勤務が多い、交代制勤務で生活が不規則になるなど）」「患者・患者家族との関係に関すること（無理な要求をされる、威圧的な態度を取られるなど）」などと、多岐にわたっています（日本看護協会 https://www.nurse.or.jp/）。

じつは、「燃え尽き症候群」の予備軍は医療従事者やケアスタッフだけではありません。一般企業でも多くのストレス実態が報告されています。働く人だけでなく、子どもから高齢者までストレスを抱えて生きているのが現実です。

しかし、この社会で生きるうえではストレスフルな現実からは逃げることはできません。それゆえ、個々の対応として生活環境の改善や生き方、考え方などの変容が必須なのです。

ストレスを感じているなら、四つの瞑想法の一つを毎日の生活に取り入れてください。特に「ゆるめる瞑想」は毎回最初にやってください。98ページで紹介した五分間瞑想でも結構です。ストレスフルな毎日であっても、「自分らしい生き方」ができれば艱《かん》難《なん》辛《しん》苦《く》を乗り越えてゆけます。そのために瞑想をライフワークとしてぜひ実践してください。

第四章

四つの瞑想法を実践

瞑想の前に――心を整える深い呼吸法

これまで述べたのは、いわば瞑想の理論です。

しかし、理論がなくても瞑想はできます。だからといって、ただ目を閉じてじっとしてさえいれば瞑想できるかというとそうではありません。そうお伝えすると「あ、やっぱり瞑想は難しい。動いちゃいけないのも苦しそうだし……」、こんな声も聴こえてきそうですね。

でも、そう思ったあなたでも、瞑想はちゃんとできるようになります。実際にこの本に書かれた内容に添ってやってみると、「ああ、こんなに簡単に楽にできるんだ」と気づかれることでしょう。

瞑想のポイントは、姿勢や足の組み方も必要なことではありますが、まずはリラックスすることです。

姿勢は95ページのイラストのように、あぐら（平座）、椅子、正座、仰臥位《ぎょうがい》（仰向けに寝る）のどれかを選びます。仰臥位は病人であったり姿勢をまっすぐに保てられない人におすすめです。あぐらを組んだ時に片方の足をもう一方の足の上に組む半跏坐《はんかざ》でもいいで

● 瞑想の姿勢

・自分がリラックスできる姿勢を選ぶ
・背筋は伸ばして静かに座る（寝る）
・眼は軽く閉じて心を落ち着ける（閉眼瞑想）

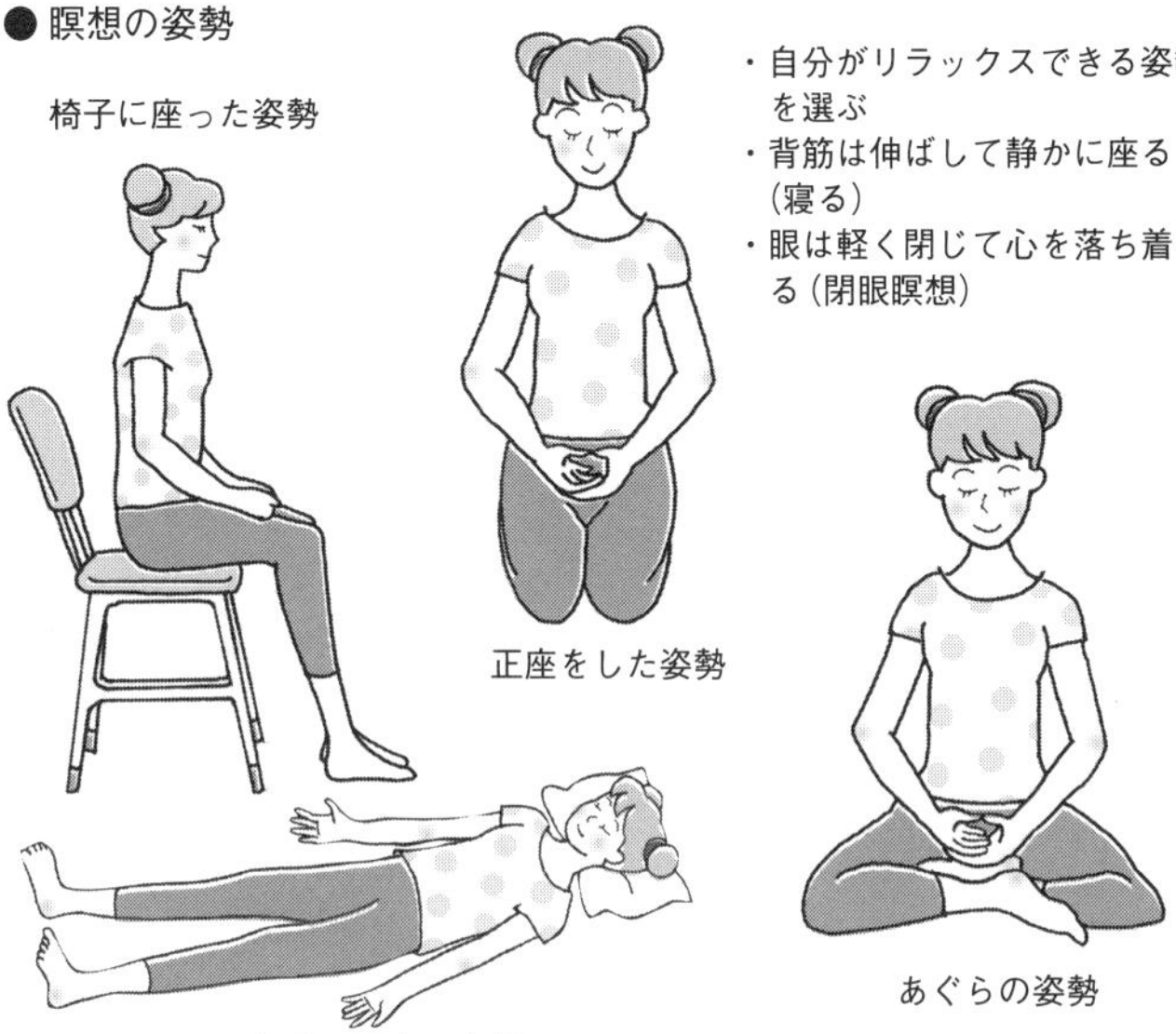

椅子に座った姿勢

正座をした姿勢

仰向けに寝た姿勢

あぐらの姿勢

● 手の位置

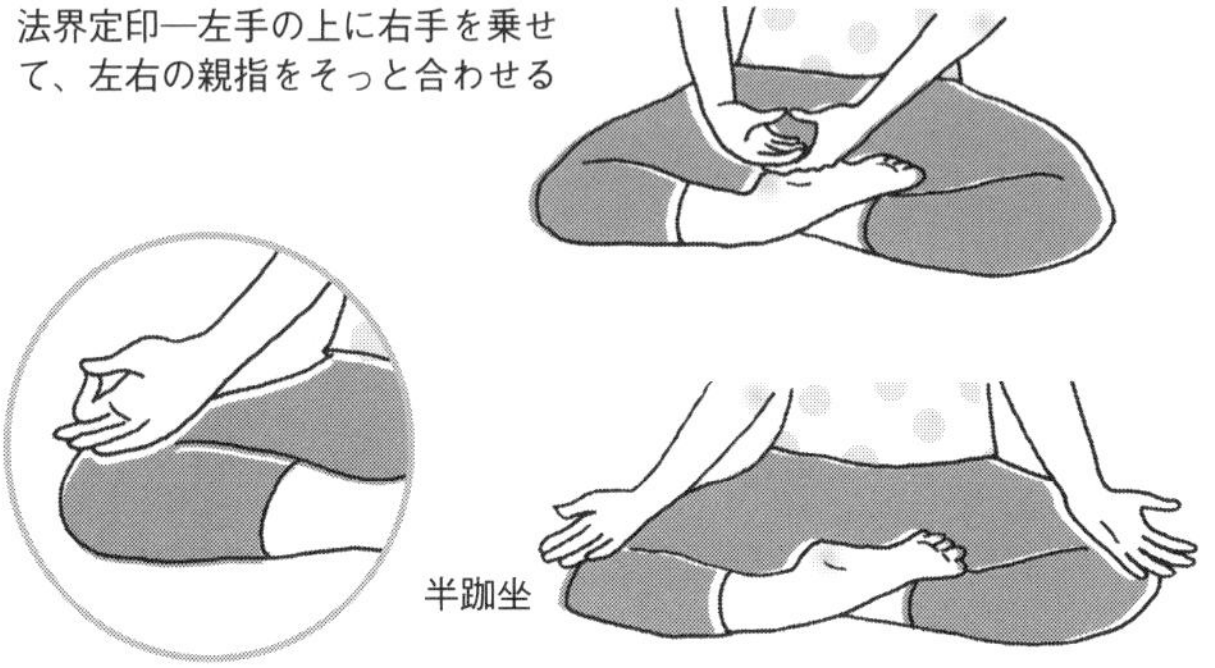

法界定印―左手の上に右手を乗せて、左右の親指をそっと合わせる

半跏坐

手のひらを上にして膝に乗せ、指は自然に広げても、親指と人差し指を合わせても

しょう。

手の位置は仏像のお姿からもわかるように、さまざまです。仰臥位以外の静坐をした状態では、おのずと足の上に置くことになりますが、一般的によく用いられているのは、法界定印《ほうかいじょういん》という手印です。これは、手のひらを上にして左手の上に右手を乗せ、左右の親指を中心で合わせる方法で、大日如来《だいにちにょらい》の印でもあります。手印はおなかの下側にすとんと置きます。

また手のひらを上にして、両膝《ひざ》の上に乗せる印もあります。これは、ヨーガ教室などで多いスタイルです。この時、指は自然に伸ばす方法もあれば、親指と人差し指でリングを作り、他の指は自然に伸ばす方法もあります。

目線は、大きく分けて、半眼瞑想、閉眼瞑想、開眼瞑想の三種があります。初心者なら集中するために、眼を軽く閉じる閉眼瞑想がおすすめです。

瞑想は意図的な呼吸のコントロールから入ります。呼吸イコール瞑想といってもいいでしょう。私たちは日常生活において呼吸を意識することはありません。生まれた時から生きていくための自然な営みとして、どんな人も、当たり前に息を吸ったり吐いたりしながら普通に呼吸をしています。

そこで、瞑想を始める前に、意図的な深い呼吸のコントロールにトライしてみましょう。まずは、次の①～③をやってみてください。

① 最初に、鼻から息を吸います。三回ほど「もっと吸ってみよう」と繰り返します。通常の呼吸より肺に多くの空気が入ったことで、胸が突き出すような格好になります。いっぱい吸い込んだら、二～三秒息を止めてから、ゆっくり口から息を吐き出します。

② 次に、ふーっと口から息をしっかり吐き出します。もっと吐く、さらに吐く、と三回ほど吐くことを意識して行います。吐き切ったら、二～三秒息を止めてから、ゆっくり鼻から息を吸います。

③ ①と②を三回繰り返します。

いかがですか、呼吸が楽になっていませんか。個人差はありますが、呼吸が楽になっていると感じる人も多いはずです。この深い呼吸法は呼吸の振幅を広げることにつながります。それだけ普段の呼吸は振幅が狭いため、浅い息をしていることが多いのです。

また、一般に息を吸う時は交感神経が優位に働き、吐く時には副交感神経が優位になるといわれています。瞑想の導入時に息を丁寧《ていねい》に吐くことを重視することによって、落ち着いて安定した心理状態になります。最初の頃の瞑想は雑念が浮かびやすいのですが、あまり気にせず、ひたすら呼吸だけに集中してください。

この深い呼吸法は瞑想そのものを成功させる鍵ともいえます。ですから、瞑想をスタートさせる前に、深い呼吸で心を整えるという習慣を作ることをおすすめします。日常生活の中でも、心を落ち着けたい時やリラックスしたい時は、この呼吸法にトライしてみてください。

実践◆心身をゆるめる「五分間瞑想」

私たちは朝起きてから夜眠るまで、心身ともに休みなく動かし続けています。そこで、緊張状態の心身をゆるめるために「五分間瞑想」を毎日の生活に積極的に取り入れてみませんか。

たとえば、朝、一日のスタートに「五分間瞑想」を行うと、リフレッシュしてエネルギーもチャージされますから、やる気に満ちた気分になります。私たちの身体は、特に朝日を浴びるとセロトニン神経が活性化し、ドーパミン神経やノルアドレナリン神経も適度に働くようになりますから、平常心が保て心穏やかに一日を過ごせます。

また、就寝前に行えば、一日の終焉《しゅうえん》をリラックスした気分で迎えることができ、深い眠りに誘われます。

「たかが五分、されど五分」、多くの人が実践しその効果もお墨付きです。どんなに忙しい人でも、五分の隙間《すきま》時間なら探せるはず。ぜひ、ご自身で体験し、心地よいリラックス感とリフレッシュ感を味わってみてください。

早速、やり方を説明します。

◉「五分間瞑想のやり方」◉

五分の目安は時計やスマホのタイマーなどを適宜に使うといいでしょう。

①椅子や座布団などに静かに座り、目は軽く閉じます。

②自分にとって気持ちが楽になる風景（海、里山、小川、花畑など）をイメージします。

③口から大きく長く息を吐き、鼻から無理なくゆっくりと息を吸います。この呼吸を七回以上、心が落ち着くまで繰り返します。

④心の落ち着きを感じたら、普通の呼吸に戻します。

⑤73ページを参考にして、瞑想に入ります。

⑥時間になったら、一回だけ大きく深呼吸します。

⑦ゆっくりと背伸びをしたり首を回したりして、心身の調和を図ります。

⑧　椅子や座布団を片づけて、瞑想活動が終わったことを確認します。

導入の①～④までで約一分間、⑤が三分間、⑥～⑧が一分間で合計五分です。実際の瞑想は三分と短時間ですが、集中していますからリラックス感が得られます。

前にも述べましたが、リラックスして深い瞑想をすると神経伝達物質のオキシトシンが分泌されます。これによってセロトニン神経が活性化し、セロトニンが分泌されます。さらに、セロトニン神経が活性化されると脳の状態が安定し、心の平安、平常心を作り出せるのです。

つまり、深い呼吸法や瞑想を繰り返すことによって、人への親近感が増し信頼感が増幅され、ストレスが消えて幸福感を得られ、心身の機能の安定につながります。

「ゆるめる瞑想」こそ、ストレスフルな日常を離れて、いつでも自分らしく生きられるための実践法といえます。

実践◆みつめる「観察瞑想」で、もう一人の自分を発見

ゆるめる「五分間瞑想」で集中力が増すことを体験したら、次は自分の内面意識をみつめる瞑想に進みます。みつめる瞑想には「観察瞑想」と「洞察瞑想」の二種がありました

ね。それぞれ「主観的に自分を観察、洞察できること」と「客観的に自分を観察、洞察できること」の両方が大事です。

観察瞑想では自我意識をいったん解放して、どこまでも今の自分をありのままに、第三者的、客観的にみていきます。

ちょっと実験です。自分の右手の親指と人差し指を使って、右頬《ほお》をぎゅっとつまんでみてください。当然ですが痛いと感じますよね。観察瞑想ではこの「痛みを感じている自分の右頬」と「痛いという自分の意識」の両方を観察し続けるのです。すると、次第に痛みは和《やわ》らいだり感じなくなったりするはずです。この痛みそのものは、脳神経が判断しています。しかし、観察し続けることによって、事実を確認した意識が「ひどい痛みではないな」と判断したり、あるいは、痛みを和らげる伝達物質が分泌され、自然に痛みは和らいでいきます。ここに事実を分析して、正しい判断を下そうとする意識、つまり洞察が働くのです。

このように、自分が何を思い、何を感じたかを冷静に観察することによって、自分の心身に起きている事実をありのままに認識するのが、観察瞑想です。

たとえば、人間関係で悩んだ場合、自分ではなく相手に問題があったとしても、一方的に相手のせいにすることはしません。その時の自分の心に起こった感情を、もう一人の自分がしっかり観察するのです。この訓練を繰り返すことによって、自己を第三者的にみられるようになりますから、その後の洞察瞑想に入りやすくなります。

◉観察瞑想のやり方◉

観察瞑想を上手に行うコツは、最初に徹底して「一つの対象を見続ける訓練」をすることです。理科の実験のように、徹底して客観視を心がけてください。

たとえばリンゴの観察なら、まずは外観です。形や色はもちろんのこと、香り、傷なども細かく観察します。さらにこのリンゴは、どこで生産され、どんな人に栽培され、収穫されたのだろうか。そして、産地から集荷場、流通とその経路などを考察します。最終的にどのようにして自分の手元に運ばれてきたのか。リンゴ自身はどんな思いをしてきたのだろうかなどと、リンゴの気持ちを慮《おもんぱか》って、深い思いを感じることが洞察です。やり方は次の項で説明しますが、このように観察から洞察は一連の心の省察なのです。

瞑想は徐々に上達すると、ありのままの今の意識状態や過去の心（行動と思念）も観察できるようになります。

仏教のシャマタ瞑想は漢字で「止」と訳されます。ぐるぐる回る思考をしっかりと止めるような意識づけが大事です。

実践◆みつめる「洞察瞑想」で、自分の内面を調整する

「観」を意味する仏教のヴィパッサナーの中核が洞察瞑想です。洞察瞑想は、観察瞑想で得た「家庭や社会における今の自分の位置」や「コンプレックス」などの課題についてゆっくりとみていく作業です。課題の出発点まで遡《さかのぼ》って原因を知り、結果や将来の方向性まで見続ける必要があるため、冷静で客観的な能力が求められます。それには、深く掘り下げる訓練が重要です。

洞察瞑想は不健全思考を健全思考に変容する働きがあります。しかも洞察が進むと、日常生活の行動の中でも、すぐに洞察的考察が起こって行動を調整してくれるようになります。

たとえば、過去に苦しかった出来事を体験したり、幼児期に愛された記憶がなく育ったりして、そのトラウマに悩んでいる人がいたとします。

じつは、自分の本心を一番知っているのは自分自身です。真実を知っているのもまた、他でもない自分自身なのです。そして自分を一番愛せるのも自分自身。だから、つらかったり、寂しかったりした過去を自分で修復するプログラムが有効なのです。洞察瞑想によ

ってつらかったり、寂しかったりした過去を変えることができます。簡単にいうと、洞察瞑想の目的は、自分の内面世界の掃除であり調整なのです。

◉洞察瞑想のやり方◉

洞察瞑想は観察瞑想とセットで行うと、観察した内容をさらに深めていくことができます。ですから、観察瞑想で浮かんだヴィジョン（過去の情景など）を呼び起こし、次に洞察瞑想に入るのがおすすめです。

しかし、それなりに時間がかかりますから、時間に余裕のない時は洞察瞑想だけでかまいません。ただし、洞察瞑想を単独で行う時は、先に98ページの心身をゆるめる「五分間瞑想」をして、リラックス感と集中感覚を作ってから行うのがいいでしょう。

洞察瞑想は分析的でもありますから、瞑想の中で事柄の原因をしっかりと思い出して確認する作業をしてください。そして、浮き彫りになった事柄を、八正道《はっしょうどう》や慈悲喜捨《じひきしゃ》のバロメーターを使って意味づけをします。最終的にはすべてを開放し、自分自身を許す自利《じり》のパワーが大事です。

たとえば、「愛されていなかった幼い頃の私」を発見したならば、幼児期の自分をもう一度思い出します。そして、今の自分自身が「頑張ったね」と声に出して、幼い時の心を抱きしめてやることが大事です。この愛情表現の作業が自分を癒《いや》してくれます。そして、そのこと自体がセルフケアと自然治癒力そのものとなるのです。

洞察瞑想中の有効なイメージ療法は「ジョウロでの水やり」です。お花に愛情いっぱいの水をたっぷりと注《そそ》ぐように、自分の乾いた心にも慈愛のエキスをたっぷりと注いでください。これで愛情不足を補うことができます。自己の本性をあるがままに認め、自己を愛することとです。思い出すことはつらい作業ですが、いったん冷静に客観視できるようになると洞察は進み、最終的には苦しんだ自分さえ許すことができます。これもスピリット・センタード・セラピーです。

実践◆「たかめる瞑想」で生きる力をアップ

「たかめる」とは、自分の中に存在する生きようとする力や身体の機能をたかめることでしたね。

じつは、瞑想の実証性を大学で研究していた時に、脳波を測定する実験室を構えていた別の大学の医学博士と知り合いになりました。その実験装置を使って、瞑想中の私の脳波を測定してもらったことがあります。「ゆるめる瞑想」と「たかめる瞑想」の二種を測定

●瞑想を実践する著者

したところ、結果はそれぞれに違った脳波になりました。

深い呼吸法からゆるめている時は二つの脳波の波形に変化はありませんでした。しかし、「たかめる瞑想」の中でイメージを膨らませて光と合一しようとした時は、明らかに「ゆるめる瞑想」とは異なった波形が生じていたのです。

脳波が異なっているならば、脳内伝達物質やホルモン、自律神経の働きにも変化があるはずで、心身の機能に影響していると考えられます。

ある総合病院の脳外科医の元で、ファンクションＭＲＩ（磁気共鳴機能画像法）という機械を使って瞑想中の脳を測定した時にも明らかな違いとなって現れました。「ゆるめる瞑想」と「たかめる瞑想」では脳の賦活する部位が、それぞれ異なった色になっていることが判明したのです。

つまり、どのような瞑想をするかによって、心身への影響も異なるということがいえます。「たかめる瞑想」時のゆったりした呼吸は、自律神経の一つである副交感神経を優位にし、血管への作用もあります。動脈壁は弾力性に富むようになり、血液の流れもよくなります。血液の流れが改善すると、栄養分や酸素を含んだ新鮮な血液が内臓の器官や組織にスムーズに運ばれます。血液が体内のシステムを上手に循環することによって、脳の活動は活性化され、筋肉の緊張は抑えられますから、結果として、心身の機能は向上し、健康も向上するのです。

私自身「たかめる瞑想」の醍醐味《だいごみ》ともいえる経験をしたことがあります。それは、二〇一七年に訪れたミャンマーの奥地でのこと。ある朝、山頂にある仏塔の近くで朝日を浴びながら瞑想をしたのですが、日の出る前に輝いていた星が消えて、まばゆいばかりの朝日が飛び込んできた時、私は大きく空高く宇宙に広がってゆく意識状態を体験しました。

◉たかめる瞑想のやり方◉

「たかめる瞑想」は、身体感覚より意識変化に注目します。

前に述べたように垂直軸を意識するのですが、準備段階として、最初に自分の現在意識がバランスの取れた穏やかで調和した状態であるかを確認してください。

もしも、イラついていたり、憎しみや悲しみの感情がある時は中止してください。「たかめる瞑想」は極めてスピリチュアルな次元をともなうので、調和した意識で実践しないと粗悪な波動を受けてしまうことがあります。

「みつめる瞑想」の延長であれば、そのまま「たかめる瞑想」に移行していただいてもかまいません。しかし、まったく最初から「たかめる瞑想」を目指す場合は、まず「ゆるめる瞑想」で、交感神経と副交感神経のバランスを確保し、穏やかな気持ち（アルファ波）を感じたら始めましょう。自分のたかめる方向をしっかりと確認して、意識上昇の瞑想に入ってください。

ここでもイメージやシステム、ヴィジョン作りは大事なツールとなります。具体的には次のような方法があります。

◉曼茶羅による「たかめる瞑想」◉

イメージやシステム、ヴィジョン作りの訓練に有効なのが、密教の曼茶羅《まんだら》瞑想です。曼茶羅瞑想こそ「たかめる瞑想」の正確な手本となるものだからです。その理由をできるだけわかりやすく説明しましょう。

そもそも曼茶羅（Mandala）にはいろいろな形や意味があります。総集や円満具足の意味があり、真言密教では「大曼荼羅《だいまんだら》」「三昧耶《さんまや》曼荼羅」「法《ほう》曼荼羅」「羯磨《かつま》曼荼羅」の四種類があります。

また、ユング心理学の研究者からは「曼荼羅は東洋文化の基底をなすもの」、あるいは、「曼荼羅は自分の全体、もしくはその中心をなすものであり、諸宗教に共通の根底をなす普遍的な体験とつながる」という見解もあります。

密教瞑想では宇宙エネルギーを意味する阿字《あじ》（梵字《ぼんじ》のア）をみながら瞑想する「阿字観法」があります。阿字を観想することは、その阿字が持つイメージを内的に体験し、自己の内証として新たな統一に向かう意識が出現することを意味します。

空海《くうかい》さんは『声字実相義《しょうじじっそうぎ》』の中で、「声字、分明にして実相顕《あら》わる。声字実相とは、即ち法仏平等の三密、衆生本有の曼荼なり」として、自心の内面に抱く仏のイメージは、そのまま宇宙性につながっている法身の感得に通じるものと説いています。

曼荼羅瞑想も阿字や五色《ごしき》を基調として、善（仏）のイメージを広げていくポジティブな瞑想法です。

五色の光景を放つ曼荼羅をイメージする瞑想においては、五つの深層意識を獲得しようとします。その五つの悟りの境地は、曼荼羅の五智如来《ごちにょらい》に相当します（五智如来は著者による加筆）。

①白―鏡のような透明な知恵の光の道（大円鏡智《だいえんきょうち》～阿閦如来《あしゅくにょらい》）。
②黄―平等の知恵の光の道（平等性智《びょうどうしょうち》～宝生《ほうしょう》如来）。
③赤―識別する知恵の光の道（妙観察智《みょうかんざっち》～阿弥陀《あみだ》如来）。
④緑―あらゆるものを作り出す知恵の光の道（成所作智《じょうしょさち》～不空成就《ふくうじょうじゅ》如来）。
⑤青―法界（Dharma-Dhatu）の作り出す光（法界体性智《ほうかいたいしょうち》～大日如来）。

曼荼羅の彩色にはこの五色が使用されています。仏の世界を描く曼荼羅は、イメージの力を集めて、究極の荘厳世界を作っているのです。つまり、真理を具体的にイメージするのが「曼荼羅瞑想」なのです。

具体的なやり方は、曼荼羅を本尊や対象物として前に置き、それを感得します。あるいは曼荼羅と自分が互いに渉入《しょうにゅう》するように感じながら瞑想します。

近年、密教思想や曼荼羅に関心を示す人が増えています。その理由は、現代社会をリードする科学技術文明だけに頼ろうとする未来志向に、多くの人々が行き詰まり感を覚え、漫然とした不安感を抱くようになったことが大きな要因といえます。分析的であり没個性的、微視的な方向に視座を定めてきた現代文明に対し、曼荼羅の世界には全体性と多様性があり、大きなエネルギーの創出を感じることができるのです。

曼荼羅を内に生きることは、自心のスピリチュアリティを向上させることにつながります。これは、自己のスピリチュアリティに気づき、他者や環境との調和を図りながら、最終的には成熟して宇宙的生命に融合しようとする営みに他なりません。

実践◆「ゆだねる瞑想」で融合する

第三章で「ゆだねる瞑想」は「大いなる意識（サムシング・グレイトなど）」に融合、あるいは統合する意識状態と述べました。

私たちは「自分の人生を、自己の能力を持って望み通り最大限に実現する」という「自己実現」を目指して生きています。それは一つの到達点です。さらにいえば、自己実現とは完成を目指すことではなく、その「生き方そのもののプロセスを大切にすること」なのです。

そして、自己実現を成し得た後に最終的に到達する意識を「自己超越」といいます。これは第二章のアブラハム・H・マズローの心理学でも紹介したことですが、自分のことだけでなく、家族や地域、職場といったまわりの環境や大いなる存在にも目を向けた生き方といえます。

もっとシンプルに考えるならば、「どんな状況下にあっても自己の個性を発揮して、自分らしく自信を持って歩み、そして法縁（神仏、宇宙性、大日如来、サムシング・グレイト）を感じて生きる」ことです。

密教経典の『大日経《だいにちきょう》』には瑜伽行者《ゆがぎょう》の最も実践的な教説として、「菩提心《ボダイシン》ヲ因《イン》ト為《ナ》シ、大悲《ダイヒ》ヲ根本《コンポン》ト為シ、方便《ホウベン》ヲ究竟《クキョウ》ト為ス」（『住心品《じゅうしんぼん》─三句の法門』より）とあります。これは、「悟りを目指す清らかな心で、大いなる慈悲心を己のスピリチュアリティの根本に抱き、さまざまな方法や手法を活用して人々を幸せや悟りに導く」という意味です。

ゆだねる先は悟りの世界ですが、そこは己の深い心に到達する世界でもあります。その境地は、仏教だけに留まるものでなく、あらゆる宗教や思想を超えて、人類に大きな慈愛と恩恵を与えてくれます。

◉ゆだねる瞑想のやり方◉

実際に「ゆだねる」というイメージは、外のエネルギーとの交流や融合を身近な道具を使って体験するとわかりやすいでしょう。

手軽にできるのはローソクの燈明を利用する方法です。小さなローソク立てと長さ五〜八センチのローソクを用意してください。一〇〇円ショップなどで購入できます。

ローソクを使った瞑想

① まず、ローソクの炎が自分の目の高さにくるように台などを用意します。この時、視線より炎が高い位置にこないように注意してください。

② 室内を暗くします。これでローソクの炎が少し強調されるような雰囲気が演出できました。

③ 心身をニュートラルな状態にするために、五分程度の「ゆるめる瞑想」を行います。

④ ③が終了したら、三〜五分ほどローソクの炎をじっと見続けます。やがて、「灯《あか》りが自分の中に入ってくる」とイメージします。次に「自分がローソクの光の中に入って行く」とイメージします。これを仏教では「入《にゅう》我《が》我《が》入《にゅう》観《かん》」といいます。

⑤ しばらくは、聖なる意識との一体感覚を味わってください。これが大事です。対象と自己との融合的な感覚が生じて、穏やかなで崇高な気持ちになります。

⑥ 適宜な時間の経過をみて、深呼吸を三回して、瞑想を終了します。

これは神仏や大いなる存在という主直軸からの慈愛あるエネルギーを、チャージしていることなのです。

◉自然環境にゆだねてみる◉

「ゆだねる瞑想」は自然の中で行うのもおすすめです。自然のエネルギーは人間力を超えたものですから、近くにあれば、積極的に利用しましょう。

大木が繁る森林の中なら、新鮮な空気を身体いっぱい吸い込めますから気持ちのよい瞑想ができます。眼を閉じ大木を抱いて呼吸を楽しみ、樹木との一体感を味わいます。

なかでも、滝は絶好の瞑想スポットとしておすすめです。勢いよく滝つぼに落ちる水を前にして瞑想すると、その水のエネルギーによる浄化的感覚がカタルシスを生み出します。ネイチャーの持つエネルギーをお裾《すそ》分けしてもらい、清らかな意識に満たされると、自己の存在が愛しくなり、あらゆることに感謝の念《ねん》さえ浮かびます。

無理にそのように思わなくても、滝が流れ落ちる時のエネルギーからは自己を超えて躍動する自然界のパワーをそのまま感じ取ることができます。これも変成意識となります。

滝のエネルギーを利用した瞑想

① まずは、「ゆるめる瞑想」をします。心身をニュートラルな状態にするために、ゆるめる瞑想で流れる滝を見続けます。三〜五分間の凝視をしながら、「滝のエネルギーが自分に入ってくる」と意識します。

②　次に「自分のすべてが滝に入って行く」とイメージし、その後は一体感覚を味わいながら一五～三〇分くらいの丁寧な瞑想をします。

③　適宜な時間の経過をみて、深呼吸を三回して、瞑想を終了します。

「ゆだねる瞑想」はさまざまな自然環境の中で実践できます。拙著『ケアと対人援助に活かす瞑想療法』（医学書院刊、二〇一〇年）では、自然界での瞑想法として樹木瞑想、山岳瞑想、滝川瞑想なども紹介しています。

ただし、自然の中で行う瞑想では、その効果を十分に得られるために注意したいことがあります。まずは、安全を確保するのが肝心です。立ち入り禁止などの危険区域はもちろんのこと、天候の悪い時や危険動物が出没するような場所は絶対に避けてください。次に、他人の迷惑となる場所もやめましょう。安心安全を保ってこそ、心地よい瞑想ができるのです。

コラム　人生とはイメージの集積

一般に瞑想する時に現れるヴィジョン（目を閉じて瞼《まぶた》の裏に浮かぶ映像や情景）のことを、イメージという表現で説明してみたいと思います。

著名な心理学者C・G・ユングは、集合的無意識から生まれる直感的な観念としての象徴の概念を示しています。さらに、イメージを強調した心理学者R・J・サミュエルズは、シンボルしての象徴が果たす役割として、イメージする経験を通じて無意識の活動から新しいヴィジョンが出現することを研究しました。

これらは、人間のイメージの力は、現実（未来を創る）に直結していることで、自分やまわりの未来を創造できる力があることを説明しています。

さらに、ユングは人間の深層に低在する「集合的意識」の説明をする中で「深い無意識の領域は、個人的無意識やその純粋に個人的な内容とは違って、はっきりした神話的性格を示す象徴的イメージが現れてくるからである。言い換えれば、そういうイメージはその形式と内容からみて、至るところに見出される神話の基礎にある原初的観念と一致している」として、人間が固有の意識とは別に、いろいろな生物とつながっている基層的で集合的意識を具体的に明示しています（『東洋的瞑想の心理学（ユング心理学選書5）』C・G・ユング著、湯浅泰雄・黒木幹夫訳、創元社刊、一九八三年）。

私たちの個人的な人生も、じつはイメージの集積なのです。それは幸、不幸の概念も支配しているのです。

そして、意識の発展過程として、仏や曼荼羅などの統合的な意識を瞑想によってイメージする手段として、「能動的想像（Active Imagination）」の方法論を展開します。能動的想像とは、「心中に起こってくる夢や観念などのイメージを抑圧することなく、自然に自由に働かせながら具体化していく方法」です。人と宇宙をつなぐ意識の変容をイメージする能動的想像は、ユングの深層意識の解明に大きな影響を与えます。ユングから影響を受けたドラ・カルフは、その後の箱庭療法や夢判断、描画、アートセラピーなどへと発展してゆきます（『現代心理学〔理論〕辞典』中島義明編、朝倉出版刊、二〇〇一年）。

つまり、あなたの人生も、あなた自身が創り出すイメージによって、具体化されるということです。瞑想によって、素敵なイメージを創出しましょう。

第五章

四つの生き方で「本当の自分」に出会う

心のスイッチを入れる四つの生き方

いかがですか。これまでの瞑想の説明で、何か心に感ずるものはありましたか？

じつは、これまでに紹介した「ゆるめる」「みつめる」「たかめる」「ゆだねる」という四つの「瞑想法」は、そのまま私たち人間の「人格完成と健康寿命を目指した生き方」に連動しています。どういうことかといいますと、何げなく送っている日常生活であっても、あるいは人生の苦難に直面した時でも、四つの生き方—つまり「ゆるめる生き方」「みつめる生き方」「たかめる生き方」「ゆだねる生き方」—を活用することで、あなたがあなたらしく人生を豊かに幸せに、有意義に過ごしていけるようになります。

そしてそのことによって、あなた自身が、内面のスピリチュアリティに目覚め、「本当の私」に出会うことができ、やがて「悟り」という境地にまで達せられるという素晴らしい生き方につながるのです。

でも、そんなに簡単に「本当の私」に出会えるのかなと、半信半疑だったり心配したりしていませんか？

大丈夫です。あなたがこの本を手に取っていること自体が、すでにその方向に進んでいる証《あかし》といえます。後は、あなた自身が心のスイッチを入れて、「四つの生き方」を実践すればいいのです。

では、具体的にその生き方を説明していきましょう。

「ゆるめる生き方」でストレスから脱却

◉息を吐くだけでリラックスできる◉

ゆるめる生き方とは、日常生活でストレスフルな状態からの脱出です。たとえば、「何だか毎日がアップアップ状態」「仕事の量が多くてこなせない」「人間関係がしんどい」「家事をやるのが面倒」「何もする気が起きない」など、心の風船がパンクしそうになっている状態を改善できます。

それにはまず、自分の今の心の状態を感じてみましょう。

最初に、「ゆるめる瞑想」の前に実践した「ふーっと息を吐く」心を整える呼吸法（94ページ）でリラックスします。深く長く吐く息を一〇回くらい行ってください。

そして、落ち着いたら、あなた自身が自分に振りかかっているストレスと思われる事柄を書き出してみましょう。ストレスの医学的研究を最初に打ち出した「セリエの法則」では、心の負担となるストレスには大きく分けて、次の四つが関係しているとされています。

①　物理的ストレス（寒暖、気温、湿度、気圧など）。
②　環境的ストレス（大気汚染、騒音、薬物、細菌、ウイルスなど）。
③　肉体的ストレス（病気、けが、過重労働、睡眠不足など）。
④　心理的ストレス（他者との諍《いさか》い、家族との離別、責任、失敗、怒り、不安など）。

ストレスは心に作用することですが、その因子となる要素は多岐にわたっていることがわかります。原因の違いに関わらず、生理的には自律神経系や免疫系、ホルモン系や血液循環などへ影響があります。ストレスが元でいろいろな病気が発生するといっても過言ではありません。

最近はＤＮＡ（デオキシリボ核酸）の医学的研究が進んでいて、がんやうつ病のメカニズムも解明されてきました。心理学者の宗像恒次さんの研究では、『うつ病もストレスが要因』となっていることが多く「がんも同じ要因」であると説明しています。特に「ＤＮＡ気質、トラウマ情報、環境要因」ががんやうつ病の発症に起因するとしています。ストレスからうつになりやすい気質として「完全主義者タイプ」が多いといわれています。「イイコ症候群」といわれる気質で、著書の中でその類例をあげています（『自分のＤＮＡ

気質を知れば人生が科学的に変わる』）。

・自分の感情を抑えてしまう。
・思っていることを安易に口に出せない。
・人の顔色や言動が気になるほうである。
・つらいことがあっても我慢するほうである。
・人から気に入られたいと思う。
・人の期待に副《そ》うよう努力するほうである。
・自分の考えを通そうとするほうではない。
・自分らしさがないような気がする。
・人を批判するのは悪いと感じるほうである。
・自分にとって重要な人には、自分のことをわかってほしいと思う。

いかがですか。誰にでも心あたりのあることが多いのではないでしょうか。うつ気質の傾向にある人は「人に理解されたい」「人から愛されたい」という愛情飢餓《きが》の裏返しが多いことがわかりますよね。

日頃の自分はどんなストレス傾向にあるか、その実態をありのままに知って、そのうえで対応するのがポイントです。その対応とは「ゆるめる生き方」なのです。

人がどう思うかなどは気にせず、自分らしくあるために、「ゆるめる生き方」を心がけましょう。それには、心身をゆるめる「五分間瞑想」（98ページ）を毎日の生活習慣の一つにぜひ取り入れることをおすすめします。

長い人生には山あり谷ありです。仏教では苦しみのことをドュッカ（duhkha）と呼び、思い通りにならない現実的な苦しみを表現しています。

誰だって難問は避けて通りたいはずですし、できれば苦しみに遭遇したくもありません。

しかし、私は「苦しみは大事な財産」だと考えています。なぜなら、心の苦しみは誰も代わってくれませんから、まずはその苦しみを受け容《い》れる度量が大事です。そのうえで、自分自身でその苦しみを乗り越えていかなければならないのです。ブッダは「自灯明《じとうみょう》、法灯明《ほうとうみょう》」を説き、自分自身の力を活かすことを教えました。

「ねばならない」と思ってしまうとそのものが苦しくなりますが、「苦しみは自分をたかめてくれる重要な仏種《ぶっしゅ》（仏になる要因）」と思うことによって、試練を乗り越えた時に魂《たましい》の大きな成長が期待できます。

まさに、苦しみはあなたの貴重な財産となります。苦しみを取り去ることよりも、きちんと向き合って包摂して生きる態度を取ることが重要なのです。

たとえ難問や苦しみを抱えてしまったとしても、「ゆるめる生き方」を体得していれば、そこから立ち直れる方法はたくさんあることに気づけます。「何とかなる」と先行きに光を感じることも大事です。

◉苦しみと対峙する勇気を持つ◉

仏教経典が中国大陸や南方方面から移入されると、その国の言語や文化と融合して変化しましたが、「苦」は人々の生活苦からスピリチュアルな苦悩までを包含することになりました。

日本に仏教が伝来した奈良時代から、「苦からの脱却」は人々の大きな目標でした。そして貧困、病気、飢餓に苦しむ人々へ僧尼が盛んに、市井《しせい》で救済活動をしたのです。

病気や貧困で苦しむ人々を救済する活動は、仏教福祉の理念に基づいたものでした。僧尼は目の前の病人は文殊菩薩《もんじゅぼさつ》の化身だという信念を持ちつつも、「仏に仕えるという仏果《ぶっか》を求めるための救済活動なのか、あるいは、病んでいる目の前の人そのものに慈悲心を持って関わるのか」と自問しながら、救済活動をしました。

奈良時代に始まった「療病院《りょうびょういん》」「施薬院《せやくいん》」などは、こうして日本社会の福祉救済施設として機能していきました。その後、平安時代においては洛中に「施薬慈院《せやくじいん》、崇親院《すうしんいん》、延命《えんめい》院《いん》、曲殿《きょくでん》」が設置され、病気の公家や庶民の救済にあたります。その背景には、聖徳太子の善行を偲ぶ「文殊信仰・太子信仰」などの影響もあったのです。

奈良・大安寺の住僧である勤操大徳《ごんぞうだいとく》は『文殊師利般涅槃経《もんじゅしりはつねはんきょう》』という経典を基に「文殊《もんじゅ》会《え》」を開き、文殊信仰を広めました。日本で初めて真言念誦《しんごんねんじゅ》（仏の真言を唱え続けること）の信仰と福祉事業を連携して実践した人といわれています。

この文殊信仰は「貧困、病苦で悩む人々は、文殊菩薩その方である」とし、まず「三宝（仏、法、僧）」に帰依し、自らの罪業を懺悔《ざんげ》してから、文殊菩薩の真言と薬師如来《やくしにょらい》の真言をそれぞれ一〇〇回唱え、人々が持ち寄った食べ物や衣類を、それぞれの地域社会の困窮者に供養させていただくという仏教福祉の実践でした。

現代でも多くの寺院が福祉事業に関わっているのには、こういった歴史的背景があります。

ここで大事なことは、そういった歴史から学びつつ、今の生活に感謝できる自分であるかどうか。これが、苦しみから脱却できるかどうかのポイントになります。人間として生かされている今の自分をしっかりと直視して、勇気を持って、現実の苦悩に向き合うことです。緊張していてはダメです。肩の力を抜いて、「自分は自分らしく生きる」と言い聞かせて前に進むことです。

「ゆるめる生き方」が、その苦と対峙《たいじ》する勇気を与えてくれます。

◉ゆったり呼吸で心をゆるめる◉

目を閉じて、まずは心身のどこに緊張感やストレスがかかっているかを感じてみましょう。頭の中、眼球、鼻、口、顎《あご》、喉、右肩、左肩、右腕、左腕、右手のひら、左手のひら、胸、おなか、背中、腰、右足、左足、足の裏と全身をスキャンするように、それぞれの圧迫感を感じてみてください。

次に緊張感やストレスを感じた部分に意識を向けて、ゆっくりと息を吐きながら「○○の筋肉や組織は、私の深い呼吸で緊張を取ります」と言い聴かせてください。呼吸と連動することがポイントです。

息を吸う時には交感神経が優位になり、息を吐く時は副交感神経が優位になりましたね。この副交感神経の働きが「ゆるめる生き方」に直結します。

逆に交感神経が優位な時は「頑張らなければ」という意識が生じます。交感神経がドーパミンという脳内伝達物質の分泌を促し、やる気を起こしてくれるのです。しかし、ドーパミンの分泌が過剰になると、その反動でぐったりと疲れてしまいます。

また、「我慢するエネルギー」もストレスになります。我慢するエネルギーはコルチゾールというホルモンを分泌して、うつ病などの要因といわれています。脳の海馬《かいば》を萎縮させるということで、認知症にも関係することがわかってきました。

そこで、「自分だけが頑張らなければ」とか「人には任せられない」という気持ちが強い人は、その頑《かたく》なな心を、「みんなで分け持つ」「誰かと一緒にやる」と切り替えてみましょう。これだけで心にゆるみを感じませんか。

さらに、心にストレスを抱えた時は、「散歩で気分をほぐす」「きれいな空気を身体いっぱいに吸う」などの工夫をしてみてください。時間とお金に余裕があれば「職場や生活圏から一〇〇キロ以上離れた場所に移動してみる」「温泉に行く」「エステに行く」「スポーツジムに通ってみる」「おいしいものを食べる」「気楽に話せる人とお茶をする」「思い切って恋愛をする」などを実践すると、心がゆるんで気持ちがリフレッシュされます。

じつは、「ゆるめる生き方」を体得するには、「ゆるめる瞑想」を習慣化するのが早道です。呼吸を意識した生活を心がけ、「ゆったり呼吸」「ゆったり呼吸」と自分自身に言い聴かせて日々暮らすことが大事です。

「みつめる生き方」で距離感を保つ

◉「みつめる生き方」とは本質を見極めること◉

「みつめる生き方」とは、観察や洞察を通して「あきらかに本質をみる」ことです。

そのためには、過去、現在、未来をきちんとみつめられるように訓練することがポイントになります。訓練というと大袈裟《おおげさ》ですが、日常から「今の出来事は過去のさまざまな要因の集積である」と考え、気持ちを上手に切り替えて、未来に負の意識を持ち込まない努力が大事です。

観察、洞察瞑想の方法をヒントとして、まずは現状の出来事に意味づけをします。第三章の仏教の「四諦八正道《したいはっしょうどう》」（80ページ）で述べましたが、自分の心は現実とどのような乖離《かいり》があるか、あるいは課題があるかをあきらかにみることから始まります。

関係性のこととは、仏教の縁生《えんしょう》を洞察することであきらかになってきます。その洞察には、感情をコントロールして、心の距離感を持つことが重要です。心の距離感とは、関係性の視点を平行的から移動して、上部層に上げて客観性を保つことです。この客観的な距離感はスピリット・センタードの視点です。

特に人間関係の課題が多い現代人は、この観察方法で真実を見抜くことが重要です。

◉人間関係をみつめる◉

人間関係について、これまでの臨床例から私なりに分類すると、大きく四種類に分けられます。

・「親密な人」—夫婦、親子、親族など。
・「親しい人」—一緒にいて楽しめる人など。
・「近いけど関心は薄い人」—職場関係、地域関係など。
・「近いけど嫌な人」—会いたくない人など。

たぶん、日常的に一番多く接するのは「近いけど関心は薄い人」ですよね。だから、ことさら荒立てて生きることもなく、平穏無事に終われます。

「親密な人」は慣れてしまえば一番楽ですが、関係性がこじれると骨肉の争いに巻き込まれてしまう危険性がありますね。

「親しい人」は会っていると楽しく、いつまでも一緒にいてもいいと思えるような精神衛生上、好ましい関係です。しかし、毎日いつでも一緒にいることはできませんから、連絡を取り合って会える機会をたくさん持つことが大事です。

そして「近いけど嫌な人」は会いたくないのに、会わなければならない。そんな人は職場にも近所にもいますよね。「この人と仲良くならなければ」と努力することは無駄でありませんが、精神衛生上はあまりよくありません。すでにストレスを感じているあなたなら、さらにストレスを背負い込むことになります。人生で無理をする必要はありませんから、少なからず距離を取るようにしましょう。

ただし、チャレンジャーを自負するあなたなら、「嫌な人」と仲良くできるまで修行をしてみるのも価値があります。なぜなら、124ページで述べたように「苦しみは大事な財産」だからです。

◉人間関係のストレスを改善する◉

多くのストレスは人間関係にあるといわれています。このストレスを解消するには関係性の改善が鍵となります。改善するというのは、よくなるということですが、関係性の修復はそんなに簡単ではありません。でも、その改善メカニズムを知ると案外うまくいくかもしれません。

人間関係のストレスは、相手側からの威圧感とこちら側が発する拒否感の両方が関係します。

まず相手側からの威圧感は、親子関係、師弟関係、職場での上下関係、先輩後輩関係などさまざまですよね。威圧感は一方的なものですが、それを受け止めなくてはならないと思うとこちら側に低抗感が生まれ、バリアの壁を作ってしまうことがあります。その壁の存在は相手側も察知しますから抵抗感を抱かれやすいのです。もしも、威圧的な態度や言動を受けた時は、受け流すのが一番です。合気道のワザと同様に、まずは相手のエネルギーをやんわりと感じつつ、そのまま後ろに流してさよならするのです。ちょっとコツが要りますが、何度かやっていると要領がわかってきます。

たとえば無理なことを強要されそうになった時は、「そうですよね。いっておられることはごもっともだと思います。ですが、今私は○○中ですので、ちょっとその対応は難しいと考えます。申し訳ありません」と相手の言い分は認めつつ、やんわりと断るのです。

相手への拒否感がある場合、人間関係をゆるめる方法は「嫌いのストーリーの書き換え」です。「この人、嫌いだな」と思う意識は、じつは口に出さなくても、以心伝心で相手に伝わります。だからこそ、人間関係がうまくいかなくなるのです。あなたがその「嫌い」という意識を変換するしかありません。実際に、どうすればよいのか。

これは論理療法が有効です。「この人は私にいつも無理難題を押しつける」「この人は私を快く思っていないのだ」「この人は、自分を遠ざけたいのだ」というネガティブな意識を持ち続ける限り解決はありません。

そこで、気持ちをゆるめて深呼吸して、「この人は、もしかしたら私を向上させようとしている人」「私の魂を磨く重要な相手」「反面教師になる人」というふうに、嫌いな感情ではなく、「人生に有用な人であるかもしれない」と、書き換えるのです。

これができるようになれば、あなたは人間関係の達人です。

◉縁と「みつめる生き方」◉

「みつめる生き方」は仏教でいう「縁」と深く関わっています。

仏語の「縁起《えんぎ》」は、サンスクリット語でプラティットヤ・サムトパーダ（pratitya-samutpāda）といい、ブッダが菩提樹の下において、すべての関係性、つながりや原因と結果の法則として示した教えです。日本のみならず、広くアジアの国々で物事の由来や関係性を表現する用語として、人々の生活や文化、精神性に多大な影響を与えてきました。

分析心理学ではシンクロニシティ（共時性）と関連しています。

縁生とは「縁起によって生じたもの」の意味です。現象的存在が相互に依存し合って生じていることで、「諸の因縁によって生じたこと、因縁によって現れるもの」という解釈もあります。

また、縁には「あらゆる条件」という意味もあります。そして縁起とは「すべての現象は、無数の原因（因）や条件（縁）が相互に関係し合って成立しているものであり、独自存のものでなく、諸条件や原因がなくなれば、結果（果）もおのずからなくなる」ということです。

初期の経典で『縁起法頌《えんぎほうじゅ》』には、次の教えがあります。

「如何なる事物も因縁によりて生起す、如来はそれらの原因を説くなり、またそれらの滅尽《めつじん》をも、大沙門《だいしゃもん》（釈尊《しゃくそん》）はかくの如きの主張者なり」

釈尊とはブッダのことです。人生の苦悩はさまざまな原因と結果の法則の中で作り出されています。その苦悩の観察が「十二因縁《じゅうにいんねん》」と呼ばれるものです。

十二因縁は迷いの状態であり、自己のとらわれた心の状態を十二に円環するように説かれたものです。人が真理を見失っている状態を「無明《むみょう》」といいましたが、身体作用や精神作用のさまざまな認識への理解が煩悩《ぼんのう》を作り出し、苦しみを作り、それを原因に生老《しょうろう》病死《びょうし》にまつわる欲望や葛藤、執着が作り出されるとする、この因縁生起の真実を知ることが大事です。

迷いの全体の認識を深め、その苦悩の輪廻《りんね》から解脱《げだつ》することが、ブッダの説いた四諦の道なのです。つまり十二因縁は人間存在が苦悩や煩悩を生み出すことを観察し、洞察する方法論を教えています。

仏教の苦（duhkha）は「思い通りにならないこと」という心の不自由さを四苦《しく》と表しています。その生、老、病、死の四苦に、さらに「求不得苦《ぐふどっく》、怨憎会苦《おんぞうえく》、愛別離苦《あいべつりく》、五陰《ごうん》皆苦《かいく》」の四苦を加えて八苦《はっく》になることも、苦の根源として教えています。

したがって、自身が遭遇する四苦八苦を静かに洞察することが瞑想なのです。生きるうえで本質的な煩悩である業をしっかりみつめて、人生の「無常、苦、無我《むが》」を知り、心を自由に解き放って、それでも今ここに生きる価値を見出すことが人間には可能です。

「無常」とは、この世のすべては一定に留まらず変化し続けることです。さらに、「無我」とは、真実の法に我というエゴは入ることができず、本来、無自性《むじしょう》（空《くう》）であるという意味です。ブッダは苦しみの本質を悟り、因果応報のこの世の法則を悟って、何事にもとらわれない自由な心を獲得することを教えました。

◉「みつめる生き方」で家庭の調和を図る◉

第三章の「みつめる瞑想」で、自他を観察、洞察することを学びました。その成果を最も端的に実践するのが家庭の調和です。家族の人間関係を「みつめる生き方」で見直すことは訓練であり、重要な意味を持ちます。

結婚によって、それまで一人で暮らしていたのが、二人一緒になって家族を形成します。最初は希望もあれば不安もある船出です。夫婦関係にマニュアルはありません、すべて二人の手作りです。だんだんとお互いがわかってくると遠慮が遠のき、自我の主張も出ますから、当然のこととして衝突や軋轢《あつれき》は避けられません。でも、それも魂の修行です。そう考えると、夫婦とは魂の修行のパートナーともいえますね。

じつは、夫婦こそ感情の修行に持って来いなのです。自我をどうコントロールするかという試練ができるからです。日本には「精進《しょうじん》」という言葉があります。すぐに別れることを選択するのではなく、しばらく呼吸を整えてお互いに冷静になるまで待ってから、よく話し合ってください。きっと前向きな答えが出てくるでしょう。

でも、離婚してしまうとそこで人間修行は停滞します。ストップではなく、停滞なのです。どんな生き方をしても修行ですから、一人でも修行は可能なわけです。でも夫婦のほうが、深い人間修行ができることは間違いありません。

離婚の手続きは簡単です。離婚届けに二人がそれぞれ署名捺印して役所に提出すれば成立です。昔も離婚はありましたが、その決断には多くの社会的な制約があって、ある意味ではそれがブレーキにもなっていました。

厚労省の二〇一七年度の統計では、婚姻件数は六〇万七〇〇〇組に対し、離婚件数は二一万二〇〇〇組となり、多くの離婚者がいます。理由の一つに、一人になっても生きてゆける選択肢が増えたことがあるでしょう。もちろん、虐待《ぎゃくたい》や暴力などが介在する場合は、離縁も止むを得ないことです。それでもご縁があったからには、何かの意味があるはずです。「袖《そで》振り合うも他生《たしょう》の縁《えん》」なのです。絶望や悲嘆するだけでなく、そういう経験が、自分の人生にどんな意味を示唆《しさ》しているかを考える価値はあります。

これらの人生の出来事、特に結婚や家庭生活を営むということは、感情的なカルマの修正をみつめるうえでの事例です。人間修行は仕事や社会的なことも、すべて魂を磨く材料になっているのです。

「たかめる生き方」で心身を健康に保つ

◉自分が好きなことに取り組む◉

「たかめる生き方」はたくさんありますが、基本的には自分が好きだと思えることに取り組むのがポイントです。これが自然と「生きる力を育《はぐく》む」という「たかめる生き方」につながります。

実際に、自分が嫌だと思っていることを実行しても、憂鬱《ゆううつ》になるだけで、ワクワクしたりドキドキしたりしませんから、気持ちはちっともたかまりませんよね。身体的にも嫌なことをやっていると免疫力が低下するといわれています。

反対に、自分の好きなこと、心が喜んで前向きになれるようなことを実践すると、身体の免疫力もアップします。

免疫とは体内に入ってきたもの（異物）を区別して、自分自身を守ろうとするメカニズムです。特に細菌やウイルス、体内で発生したがん細胞などから身を守ろうとします。

もう少し詳しく説明しますと、免疫システムを支えてくれる中心は白血球といわれています。白血球は顆粒球とリンパ球に大きく分けられますが、顆粒球は体内に侵入した細菌やウイルスなどを適切に処理する自然免疫です。一方のリンパ球は異物を識別し、各免疫に指令して異物に合った抗体を作ることで有名です。免疫力は免疫細胞の数だけなく、高低のバランスが重要なのです。

最近はストレス関連についても、さまざまなことがわかってきました。たとえば、ストレスフルだと自律神経系の交感神経が優位になって免疫力が低下し、逆にもう一つの副交感神経が優位になり過ぎると、免疫反応が強く出過ぎて、アレルギー疾患のアトピーや気管支喘息《ぜんそく》、花粉症などが起こりやすくなるようです。自律神経系は呼吸にも関係していることは、「たかめる瞑想」でも説明しました。

つまり、身体の機能を「たかめる」ことにおいても、心身のバランスが大変重要だといえるでしょう。

◉食事と運動で身体をたかめる◉

身体の機能は心と連動していますが、「たかめる」ためには、食事と運動も切り離せません。

私は仕事柄、外食が多いので「塩分の摂り過ぎ」と「野菜をたくさん摂ること」に注意しています。うどんやそば、ラーメンは大好きですが、お店のものは塩分がたくさん含まれているので、もったいないですが汁やスープは残すようにしています。

朝食は生野菜をたっぷり摂り、おかずは肉系よりも魚系で惣菜などをたくさん食べるように心がけています。

アルコールの摂取にも気をつけています。法事だけでなく、おつき合いの宴会などが多い時期もありますが、楽しい雰囲気で場が盛り上がったり、親しい関係だったりすると、どうしても語らいのお供にお酒も進んでしまいがちです。そこで、セルフコントロールをして休肝日もしっかり作るようにしています。「酒を制す」ことも「たかめる生き方」なのです。

僧衣を脱いだ私は結構運動好きです。若い頃は公認のスキー指導員の資格を取ったり地元の山岳会に入ったりして、定期的にボランティア活動をしていました。でも、社会的な仕事がどんどん多くなり、それにともなって自由時間が少なくなり、なかなか定期的な活動に参加できなくなってしまいました。

少しでも時間が取れたら地元のスキー場で人の少ない日やゲレンデを選んで、滑走しています。思いっ切り滑ることで心身がリフレッシュします。若い時のような過度に激しい運動はできませんが、自分の限界を意識しながら身体を動かすことを楽しんでいます。

一般的に、激しい運動や過度な運動をし過ぎると活性酸素が増えて、健康に逆効果をもたらすことがあるといわれます。自分に合った運動、自分の好きな運動を続けるのが健康長寿への秘訣の一つでもあります。身体に負荷の少ないウォーキング、ヨーガ、グランドゴルフ、太極拳、軽い体操などがおすすめです。

◉ウエルビーイングと「たかめる生き方」◉

最近の幸福思考につながった用語にウエルビーイング（well-being）があります。ウエルビーイングとは心身の健全性のことをいいます。

アメリカの心理学者マーティング・セリングマンは、ウエルビーイングを実現するために、英語の頭文字を使ってパーマ（PERMA）という幸福を実現する五つの目標を提唱しています。（『ポジティブ心理学の挑戦―〝幸福〟から〝持続可能な幸福〟へ』マーティング・セリングマン、宇野カオリ監訳、ディスカヴァー・トゥエンティワン刊、二〇一四年）。

P―ポジティブ感情（Pisitive Emotion）主観的喜び、愛情。
E―エンゲージメント（Engagement）何かに没頭すること。
R―関係性（Relationships）誰かとつながっていること。
M―意味、意義（Meaning）主観と歴史、論理、公平、一貫。
A―達成（Achievement）成し遂げること、達成のための達成感。

「たかめる生き方」において重要なことは、まず自分から発信することです。そして、誰かと関わりながら、関係性を深め、その生き方に意味をしっかり見出すこと。最終的には、自分のできることを達成し、その喜びをかみしめることなのです。

アブラハム・H・マズローの欲求の階段説の中に、自己実現の欲求があります。人は誰しも、自分の目標を知らず知らずのうちに達成したい欲求を持っていますが、それが実現できた時は大きな喜びにつながります。また、たとえ実現できなくても、そこに向かっている自分を意識することで、心はたかまるのです。そして、自己実現の後には、もっと広大な心境を目指す「自己超越」があります。

また、日常生活の中で、ウエルビーイング・ライフを提唱する三宅聖子さんは、「食、息、動、想、創、絆《きずな》」の言葉を使って、その生き方を説明しています（『「音・音楽の適用」を作業療法の治療構造から学ぶ』三宅聖子、音楽心理学音楽療法研究年報43、二〇一四年）。
①身体によいものを感謝して食べる習慣。
②呼吸のコントロール―瞑想。
③良質の運動習慣。
④質のよい睡眠と早寝早起きで意識をクリアに。
⑤知的活動（好奇心、意欲、想像、創造）。
⑥ゆるやかな絆と他者との触れ合い、五官を豊かに（刺激で心身健全）。
ここでも瞑想が出てきましたね。呼吸はスピリチュアリティのラテン語のスピリタスで、「神の息」という意味があるくらいですから、命の縦軸構造で大事な営みなのです。「呼吸の乱れ」はあらゆるところに影響します。知的好奇心は、生きる意欲にもつながります。「何かを学びたい」「わからないことを解明したい」「興味あることをもっと知りたい」という意識は脳の海馬を刺激するのです。

最近の脳科学の分野でも、次々と新しい情報が集まっています。昔は「人間の脳の発達は二〇歳まで」という説もありましたが、現在では人間の脳は死ぬまで成長し続けることがわかってきました。それが知的好奇心なのです。

「他者との触れ合い」も「たかめる生き方」につながります。高齢になって孤独が多くなると認知症も進むといわれます。逆に高齢であっても、いろいろな場に積極的に参加して、いろいろな人間関係を構築する人はイキイキとしています。

私もこれまでいろいろな活動をしてきましたが、六五歳で約三〇〇〇人のネットワークができました。しかし、名前だけで顔が思い出せるかといわれると自信がありません。でも、一度お会いしてお話ししたことで自分の住所録に残す人は、とても意味のある人なのです。

そういう人間関係が、私をこれまで育ててくれたと思って、心からその方々に感謝しています。

◉縁力でたかめる◉

毎日の生活の中でも、自他の関係性をたかめて生きることは大事です。仏語では関係性を示す言葉として「縁（縁生）」があることは、133ページのみつめる生き方で述べました。

この言葉は、たとえば「ご縁がありますね」「……のご縁によって」などと使われていますが、じつは人々の心情やスピリチュアリティが、時に内在的に時には全体として、躍動的に動いている証なのです。私たちの魂、スピリチュアリティとは、ダイナミックな「命の活動性」や「絆」「関係性」を意味します。

私は以前に書いた著書の中で、「人が自己のスピリチュアリティに気づき、他者や環境との調和を図りながら、成熟して宇宙的生命に融合しようとする営みは、健康生成であり、ウエルビーイングそのものであること」を説きました。

これは、病気や障害など人生の課題に直面した時にだけスピリチュアリティが働くということではなく、人間存在そのものにスピリチュアリティが内在し、成長し続けることを意味しています。

縁生には「自縁、他縁、法縁」という三つの構造があります。それゆえ、縁生は「たかめる生き方」にも有用です。自分自身をたかめる。他者との関係性をたかめる。そして大いなる存在である法縁との関係性を強く太くする。それがストレスを克服し、自分の生きる目的を明確にして、ウエルビーイングに生きることなのです。

◉「たかめる生き方」は自利利他で◉

第二章で祈りには「自利利他《じりりた》」があることを述べました。「自利（サンスクリット語でātma-hita）」と「利他（サンスクリット語でpara-hita）」は、仏教の『倶舎論《くしゃろん》』（大蔵経典）などに登場しますが、東アジアで栄えた大乗仏教で重視された用語です。

「自分を利し、他者を利すること」の意味ですが、深く考えると、私たち人間は決して一人では生きていくことはできません。自分だけの努力ですべてを賄《まかな》うというのは個人的なエゴです。

また逆に、「人のため、人のため」と我を忘れて他人のためだけに生きることにも限界があります。

「自利」はすでに述べた「みつめる瞑想」や「みつめる生き方」をすることによって、己の短所やネガティブな感情、コンプレックスなどを見定め、修正することにより、自分をたかめることができるようになります。

本当の自分を知ることが基礎力を作るのです。自分という基盤ができ上がれば、そのパワーを使って、他者への支援や関わりができるようになります。これが「利他」です。利他の行動は、己にパワーがないとできません。

自利利他は相互作用でもありますから、循環することによって大きなスパイラルとなり、自分も他者もたかめてくれます。

この自利利他の仏教の教えは、フロイトやユングと同じような時代に活躍したオーストリアの精神科医で心理学者のアルフレッド・アドラーの考え方と親和性があります。

アドラーは、人々の関係性を深めて幸福になる条件として、①自己受容、②他者信頼、③他者貢献の三点を主張しました（『アドラー心理学入門』岸見一郎、ベストセラーズベスト新書刊、一九九九年）。

アドラー心理学では、自己を受容し、自己のコンプレックスを克服する思考に「共通感覚」が有用としています。「自分はダメだ、劣っている、何をやってもうまくいかない」などと自己卑下や自分の中に閉じこもることを「劣等コンプレックス（inferiority complex）」といいます。

劣等感というよりは、心の奥底に凝り固まったものですから、仏教心理学の唯識《ゆいしき》では「マナ識《しき》」に相当し、その中の根本煩悩であり、無明です。

無明を「みつめる瞑想」でしっかりと認識し修正したならば、今度はそのことを原動力として、他者を活かす生き方に転換することです。これが利他行という「たかめる生き方」です。愛他的感情や行動は、神経伝達物質のオキシトシンの分泌がたかまりますから、健康生成によい影響を与えます。

人間は一人ではなく、家族や知人など多くの人とのご縁でつながり合っていますから、そういう人々の力を借りながら、人生修行をすることだと自覚します。これも健全思考なのです。

健全な自我と不健全な自我の違いを認識し、「健全な個人・自我の育成・再育成する心」を目指し、「全体としての個人は、相対的マイナスから相対的プラスに向かって行動する」ことは自利利他なのです（『仏教とアドラー心理学』岡野守也、佼成出版社刊、二〇一〇年）。

人間は自己にこだわり、その自我意識が他者との対立構造を生んでいることに気づきます。その自我を克服することを仏教では「諸法無我《しょほうむが》」という言葉で表します。すべての法則・真理に自我が入り込む余地はなく、もともと自我そのものも「空性《くうしょう》」（とらわれがない清浄性）であることを自覚する健全思考なのです。

このようにアドラーの思考は、仏教の縁起の法則と似ています。最終的に人間は宇宙と一体であるという太いつながり意識が大事です。これらの健全なる思考をもって「自利利他行」を実践することが、現代の大楽《たいらく》思考であり「たかめる生き方」なのです。

◉祈りは「たかめる生き方」◉

「たかめる生き方」には、じつは動的な活動と静的な活動の二種があります。動的とは利他行という身体を使ったさまざまな活動です。一方、静的とは自他への祈りです。

最近は祈りも科学的に研究される時代となりました。一九七〇年以降におけるアメリカの大学や医療機関で「祈り」が研究されています。一九九二年には、アメリカの国立衛生研究所（ＮＩＨ）代替《だいたい》療法局が「祈りの効果、副作用、費用効果」の研究発表を行いました。

科学的調査データに基づいた心と自然治癒力の関係について研究したアメリカの医師、ラリー・ドッシーは祈りの効果について論じています。それによれば、次の三点をあげています（『祈る心は治る力』ラリー・ドッシー、大塚晃志郎訳、日本教文社刊、二〇〇三年）。

① 祈りには効果がある。
② 希望には治癒効果がある。
③ 絶望によって人の命は失われる。

①の祈りの効果については、一三〇件以上の適切な管理下にある科学的実験によって、祈りや祈りに似た思いやり、共感、愛などは一般に人間から細菌に至るさまざまな生物に

健康上プラスの変化をもたらすと統計学的な見解を説明しています。

②の希望に治癒効果があるとする研究では、心臓手術をした患者二三二人を対象に「宗教的な感情や行為」が果たす役割を調査しました。その結果、「希望を得る人」はそうでない人よりも術後の生存率が高くなっていることを明らかにしています。

③の絶望と人の命の相関性は、人間を対象とした多くの研究から、人は不吉なことを信じたり、むなしさに圧倒されると死に至ることがあるという興味深い発表をしています。

祈りの効果を科学的に解明することには、まだ限界があると思います。しかし、もしも病気になった時に、一所懸命治療に専念してくれる医師が「あなたの快復を祈りますよ」といってくれたら……。そんな医師に治療をゆだねたいと思うのは、私だけでしょうか。

◉「四無量心」が、たかめる人生を作る◉

私は「たかめる生き方」の一つに「慈悲の瞑想」があり、これこそ重要だと考えています。

仏教では、慈悲や喜捨を表現した言葉に「四無量心《しむりょうしん》」があります。「四無量心」とは、四つの計り知れないほどの広大な心を指しますが、仏教における至福の愛情表現であり、大変多くの経典に登場する言葉です。

「四無量心」をまとめると次のようになります。

慈無量心（maitrī appamaññāyo）は生きとし生けるものに楽を与えること（父性原理）。
悲無量心（karuṇā appamaññāyo）は相手に共感し、苦を抜くこと（母性原理）。
喜無量心（muditā appamaññāyo）は他者の楽を妬《ねた》まないこと（自己の命に感謝）。
捨無量心（upekṣā appamaññāyo）は心が平等・平安で愛憎親怨《しんおん》の心がないこと（無我）。
（参考『仏教学辞典』多屋頼俊・横超慧日・舟橋一哉編、法蔵館刊、二〇〇〇年）

「慈」とは、そこに愛情を感じることで、共感との相関性が考えられます。つまり「誰かを心を込めて愛するという念《ねん》」は、一方的なものであってもエネルギーは放出されます。受け取る相手がそのことを感じた時に「愛されている」と共感できるのです。

「悲」とは、悲しいという字を書きますが、大悲の意味で「大いなる憐《あわ》れみ」の心です。相手が苦しんでいたり、悲しんでいるその心に共感し、苦しみを抜いてやりたいと願う思いやりの心です。

第二章の「マインドフルネス瞑想」の項で触れたように、マインドフルネスが自己の表層意識のコントロール機能に有効なことはおわかりいただけたと思います。

それをさらにバージョンアップさせたいのなら、「慈悲の瞑想」を取り入れることをおすすめします。詳しいやり方は154ページで紹介していますが、単に瞑想をするだけでなく、偏らない平和な心で他者に慈愛の心を向け、他者の幸福を願うことが重要であり、自利利他が発揮される瞑想なのです。

対象者が存在するしないに関わらず、慈愛の心を起こしてまわりにその念を送ることです。決して個人的な反応がなくても、その慈愛の念はエネルギーとして自他に影響します。報《むく》いを求めない慈愛です。

自分を活かし、他者を支援する生き方は心の深層部、スピリチュアリティの向上に役立ちます。ひいては「たかめる生き方」にもつながります。

◉慈悲心をたかめて怒りをコントロール◉

私たちは日々の生活の中で、怒りや憎しみをコントロールできたらと思う場面に遭遇することがよくあります。そんな時にも「慈悲の瞑想」が役立ちます。

仏教の深層心理学といわれる唯識では、苦しみや迷いのことを「煩悩」と総称し、その根本煩悩を「貪《とん》、瞋《じん》、痴《ち》、慢《まん》、疑《ぎ》、邪見《じゃけん》」の六煩悩としています。特に「貪、瞋、痴」を三毒《さんどく》と呼んで、生活の中でコントロールしてきました。

「貪」とは貪《むさぼ》りで、欲望そのものをいいます。「瞋」は怒りです。「痴」は真実を知ろうとしないことです。三毒については222ページで詳しく説明していますので、ここでは三毒があるということを知っておいてください。

仏の教えでは、この三毒を克服するためには「自分さえよければいいという欲望を持たない、怒りをコントロールする、物事の真実を見抜く眼を持つ」ということです。

特に「瞋」、つまり怒りのメカニズムは生理学的に解明されてきています。怒りの感情は他人だけでなく、自己への攻撃でもあるのです。なぜなら、身体の細胞組織へ酸素を十分に供給しないまま、むしろ炭酸ガスという毒素を細胞へ運ぶことになるからです。

この仕組みを簡単に説明しましょう。私たち人間の身体は酸素を吸って、炭酸ガスを吐き出しています。体内から空気中に放出された炭酸ガスは、すぐに化合して二酸化炭素になります。

ご存じのように、この二酸化炭素を植物が吸収して、光合成によって酸素が作られるのですから、今さらながら大自然の恩恵には感謝するところです。

怒りは脳内伝達物質のコルチゾールなどの分泌を促進し、脳の海馬を萎縮させることが医学的に解明されています。海馬が委縮すると認知症になりやすいといわれています。怒りっぽい人は脳血管性や心臓、血液循環系統の病気になりやすい状況を自分で作っているのです。健康で長生きしたかったら、怒りをコントロールする術を覚えて管理することが大事です。

この怒りや憎しみをコントロールするのには瞑想が有効です。怒りが出た時には、鎮静的、緩和的な瞑想である「ゆるめる瞑想」と「みつめる瞑想」の併用が有効です。まず、深い呼吸を繰り返しながら「今私は怒っている」「今私は誰々について怒っているのだな」「今私は怒っているという自分を発見している」などと、自分を客観視しながら呼吸します。

次に、「たかめる生き方」が必要になります。仏教の唯識では、すべて自分の心が世界を作り出すとして、その執着から手放すことを「空」とか「無我」という言葉で表現しました。

重要なのは、怒りや悲しみなどの無明の背景には、これまでに自分が経験したことを土台として、自分が作った物語（ストーリー）を信じている場合が多いことを知りましょう。一般には「そのストーリーはおかしいね」とか「あなたの人生のストーリーはそれでいいの」などと何気なく使っています。しかし、同じ「物語」を意味する単語であっても、本来はストーリー性とナラティブ性の二種があり、別の意味合いが考えられます。

ストーリー性がすでに「作られた物語」であるとするならば、ナラティブ性は「ものを語る行為」のことです。語るとは自分の過去の思い出や体験に意味づけして、そこから目的意識を持って言語化しようとするプロセスです。

過去の事実を変えることはできません。ですが、怒りのストーリーを書き換えて、「私は過去の経験から学び、このように意味づけします」「その体験を通じて、今後はこんな生き方ができるかもしれない」と自己の正直な内面を語ることによって、負の感情エネルギーを吐き出して、その後に意識を修正したり発展させたりできるのです。

このように思い切って物語を変える、認知のゆがみを修正して無明を克服することが、慈悲の瞑想であり、「たかめる生き方」に通じるのです。

ストレスフルな時は、「私は慈悲の心で、自分を満たすのだ」と三回繰り返してください。「ねばならない」ではなく、「そうなったらいいなぁ」くらいの前向き思考でいきましょう。きっと青空のような爽やかな気持ちが甦《よみがえ》ります。

◉お経、真言で「慈悲の瞑想」◉

私は高野山《こうやさん》で修行した後、スリランカへ短期留学しました。当時は町の中の寺院と森の僧院の二ヵ所で修行したのですが、仏教瞑想のシャマタ・ヴィパッサナーを僧院で繰り返し実習していました。

「慈悲の瞑想」の具体的なやり方を説明しましょう。瞑想の内容は、パーリ語で書かれた初期仏教の小部経典『慈悲論（Mettākathā）』の中に手本があります。

まず最初に、もう一度150ページを開いて、「四無量心」である「慈悲喜捨」の各項目をみてください。

自心に慈《いつく》しみの心を満たしてから、次に、左の「慈悲の瞑想の言葉」を念じます。全部声に出して唱えてみてください。強調したい時はその部分を繰り返してください。何度か唱えているうちに、心の内側から温かい情感がわき上がってくるのを感じるでしょう。翻訳は日本テーラワーダ仏教協会によります（http://www.j-theravada.net/）。

慈悲の瞑想の言葉

「私は幸せでありますように
私の悩み苦しみがなくなりますように
私の願いごとが叶えられますように
私に悟りの光が現れますように
私は幸せでありますように（三回）」

「私の親しい生命が幸せでありますように
私の親しい生命の悩み苦しみがなくなりますように
私の親しい生命の願いごとが叶えられますように
私の親しい生命に悟りの光が現れますように
私の親しい生命が幸せでありますように（三回）」
「生きとし生けるものが幸せでありますように
生きとし生けるものの悩み苦しみがなくなりますように
生きとし生けるものの願いごとが叶えられますように
生きとし生けるものに悟りの光が現れますように
生きとし生けるものが幸せでありますように（三回）」
「私の嫌いな生命が幸せでありますように
私の嫌いな生命の悩み苦しみがなくなりますように
私の嫌いな生命の願いごとが叶えられますように
私の嫌いな生命に悟りの光が現れますように」
「私を嫌っている生命が幸せでありますように
私を嫌っている生命の悩み苦しみがなくなりますように

私を嫌っている生命の願いごとが叶えられますように
私を嫌っている生命に悟りの光が現れますように
「生きとし生けるものが幸せでありますように（三回）」

「私を嫌っている……」の項は抵抗感を抱く人がいるかもしれませんが、無理をしないで少しずつ唱えてみてください。そのうちに自然に抵抗なく唱えられるようになります。

◉ブッダの大いなる慈悲心◉

ブッダの最後の教説は『涅槃経《ねはんきょう》』といわれていますが、その中で最後の旅の風景は、まさにブッダの終焉《しゅうえん》を意味しています。

ブッダが死に至るような病《やまい》に遭遇するきっかけとなったのは、信者である鍛冶工チュンダが供養のために作った料理に毒キノコが入っていたとする説（豚肉の説も）があります。その顛末が『涅槃経』にあります。

ブッダは「激しい病が起こり、赤い血が迸《ほとばし》り出る、死に至らんとする激しい苦痛が生じた」と伝わっています。病に苦しみながらも、ブッダはチュンダのことを思いやって「チュンダ尊者は、寿命をもたらす業（精進）を積んでいる、容色をもたらす、安楽をもたらす、名声をもたらす、天をもたらす、主権をもたらす業（精進）を積んでいる」として、チュンダへの慈しみの言葉をアーナンダに託すのです。

「チュンダはお釈迦さま（ブッダ）に最後のお供養の食物を施したのだから、ご利益《りやく》があり、大いに功徳《くどく》があるのだ」と、ここにブッダは、命に関わる出来事にも大慈悲の心で、弟子を諭《さと》すのでした（『ブッダ最後の旅―大パリニッバーナ経』中村元訳、岩波文庫刊、一九八〇年）。

この時の経典の一文です（『パーリ仏典　長部大篇Ⅰ』片山一良、大蔵出版刊、二〇〇四年）。

「施す者に、功徳は増える
制する者に、怨みは積まれず
善なる者は、悪を捨て
貪・瞋・痴が尽き、寂静あり」

「たとえ自分に害が及ぶという縁も、飲み込んで、大いなる慈悲の心で生きることが究極において、自らの功徳となり、結果的に貪り、怒り、愚痴の心がなくなって、静寂で安らかな境地に至る」と教えています。こんな偉大なるブッダの死に方を手本にして、私たちは慈悲の心を学ぶことができます。

第二次世界大戦で、アメリカは終戦間際に広島と長崎に原子爆弾を投下して、二〇万人以上の大量殺戮《さつりく》をしました。原爆の製造にはアメリカの科学者をはじめ二〇〇〇人が関与していたといわれています。その中の科学者にはノーベル賞を授与された人が二〇人もいたそうです。

しかし、終戦後にその憎いはずのアメリカに対して、日本人は寛容な精神で対応して、友好関係を築いてきました。

終戦時のポツダム宣言を受諾すれば「天皇の戦争責任が問われて、命も危ない」と叫ばれながらも、昭和天皇は「私の命はどうなってもいいから、国民の命を救ってほしい」と述べられ、この深い慈悲心が、終戦後の日本人を支えたともいわれています。昭和天皇の晩年の歌があります。

「夏たけて　堀のはちすの花みつつ　仏のをしへおもふ朝かな」

皇居のお堀に咲く蓮の花をみて、仏の教えに深く思いを馳せたことを詠《よ》んだものです。

昭和天皇は、神道でいえば最高位を持っている方ですが、「ブッダの教えを思う」といっているところがとても興味深い部分です。蓮は澱《よど》んだ水に咲く花です。しかし、澱んだ水であっても蓮の花はきれいで、人々を優しい気持ちにさせてくれます。

もう一つ、興味深いエピソードがあります。私がまだ高野山で修行している時に、昭和天皇は皇后とご一緒に高野山金剛峯寺《こんごうぶじ》に宿泊されました。その折に宮内庁《くないちょう》の管轄になっている奥の院の皇室の墓所へお参りされました。警備のスケジュールでは、すぐに引き返すようになっていたそうです。しかし「ここ（弘法大師《こうぼうだいし》の御廟）まで来て、大師さまにご挨拶しないわけにはいかない」とおっしゃられ、予定にはなかった御廟前まで上がられて、参拝されたということです。昭和天皇の仏教や空海《くうかい》さんに対する深い造詣の表れだと思います。今年は新しい天皇が即位され、元号も「令和」となりました。世界平和と国民の安寧《あんねい》を祈り、恒久的に国民とともに歩まれる存在であっていただきたいものです。

このように、日本人の深い根っこには仏教の中道や儒教の中庸《ちゅうよう》精神、慈悲の心を大切にしてきた伝統文化があることを、誇りに思います。

◉瞑想は前向きに生きるための重要アイテム◉

二〇一八年に国会で「働き方改革関連法案」が成立して、国民への生き方の提言がなされました。主に「①長時間労働の是正、②多様で柔軟な働き方の実現、③雇用形態に関わらない公正な待遇の確保のための措置」などが盛り込まれました。この背景には、少子化の中で労働環境を見直し生産性を向上させたいという政府の思惑があるようです。もちろん働くことは大事ですが、ストレスフルになって心身ともに疲れ切ってしまう生き方は避けたいものです。

仏教では八正道の中に「正業《しょうごう》」があります。仕事は給料をもらうためだけのものではなく、魂を磨くことなのです。八正道については80ページで詳しく取り上げていますので、もう一度ご覧ください。

私は京都大学で瞑想の臨床応用を研究した後、京都大学医学研究科医学コミュニケーション学分野の非常勤講師として、他の研究者とともに八年間ほど研究室で、日本における瞑想効果について実証的研究をしてきました。瞑想実習の対象者は、患者家族とそのケアに関わる人、地震災害被災者とその支援者、事故被害者とその遺族、企業人、一般社会人、学生などです。この成果については、これまでに私自身と共同研究を含め、幾多の論文や書籍の中で発表してきました。

中小企業の従業員を対象とした、「ゆるめる瞑想」と「たかめる瞑想」の前後の比較研究では、「瞑想によるリラックス感の増大に加えて、瞑想の習慣化が働く人のメンタル面によい影響を与える」という有用な結果が出ました。瞑想後に「今後の生活に瞑想をどのように活用できると思いますか」という質問に対して、二〇代女性は「瞑想で少しゆるめられるように肩の力を抜いて仕事にも集中したい」、三〇代男性は「調身→調息《ちょうそく》→調心で、移動中などの時間を利用し、瞑想をしたい」、四〇代男性は「気分の切り替えや効率アップを図りたい時、緊張や興奮状態の時に取り入れたい」、五〇代男性は「泊まりの出張は特にストレスが多いのでよい仕事ができるようホテルで実践したい」などと、働く生活環境の中に積極的に瞑想を取り入れようとする意欲がうかがわれます。

現代の複雑な社会情勢を反映して、働く人たちのメンタル面はますますそのコントロールが厳しくなっています。そういう中で、瞑想を日常生活に取り入れることは、一人ひとりが自分を大事にしつつ、前向きに生きるための重要なアイテムになることは間違いありません。瞑想は「年齢、場所、性別、財産」に関係なくどこでも実践できるのですから。

◉目標を潜在意識にインプットする◉

初期の仏教では、己の欲をコントロールする「四諦八正道」などが重視されたことは、第三章で述べました。ブッダの教えがアジア諸国に伝播《でんぱ》するうちに大乗仏教が興隆して、自らも修行しつつ他者を救済する自利利他の教えが多くなります。また、心を浄化し、実践する方法として六波羅蜜《ろくはらみつ》が説かれます。波羅蜜とはパーラミタのことで、彼岸に至る意味があります。つまり、悟りの世界に行くための六つの徳行をいいます。

「正見《しょうけん》、正思《しょうし》、正語《しょうご》、正業、正命《しょうみょう》、正精進《しょうしょうじん》、正念《しょうねん》、正定《しょうじょう》」を意味する八正道が、自利行を重視するものだとすれば、この六波羅蜜は利他行を重んじた内容で、布施《ふせ》をするとか忍辱《にんにく》というような相互扶助的な社会性を実践するものです。

六波羅蜜とは「布施、持戒《じかい》、忍辱、精進、禅定《ぜんじょう》、智慧《ちえ》」の六つをいいますが、具体的にわかりやすく説明していきましょう。

① 布施（dāna）

「布施」とは、本来、自分のものを他人に施すことですが、「三輪空寂《さんりんくうじゃく》の施《せ》」という原則があります。それは「あげる私と、もらうあなたと、あげもらうもの」が「空性」であることを善《よ》しとします。「空性」とはとらわれがない清浄性のことでしたね。つまり、見返りを求めた施しではなく、そのものも清らかであり、与える側もいただく側も清らかな気持ちであることが大事ということです。

しかし、実際にはそのことを検証するのは難しいので、「与えても報いを求めない心」が布施の用心として珍重されてきました。在家信者が僧侶などに、金品を施すことを「財施《ざいせ》」といいます。それに対して、僧などが在家信者に教えや安心を施すことを「法施《ほうせ》」「無畏施《むいせ》」などと呼んで、相互の交流を大事にしました。

② 持戒（śīla）

「持戒」とは、本来、戒律を守ることを意味します。持とは保持することですから、一過性ではなく長時間にわたって戒を守ることです。現代風に考えるならば、法律や倫理規定を守ったり約束事を守り、節度と誠意ある行動を取ることです。

③ **忍辱（kṡānti）**

「忍辱」とは、もともと辱《はずかし》めに対して耐える心をいいましたが、本来は嫌なことやつらいこと、道が険しい、人がいじめるなどと、人生の艱難辛苦《かんなんしんく》を克服する言葉です。したがって、忍辱とはそういう人生の困難や苦悩を「無分別知《むふんべっち》」でもって自他を分けることはできない、そういう認識で見直し、許す心を持つことです。大らかな気持ちを持つことが大事です。

④ **精進（virya）**

「精進」とは、努力を惜しまないことです。特にこれも一過性ではなく、長い時間を費やして、自己を研鑽《けんさん》することの重要性を語っています。職業、学業、私生活のどのような道であっても、たゆまぬ努力が実を結ぶことは自明です。

⑤ **禅定（dyāna）**

「禅定」とは、瞑想をすることです。八正道の正定がそれにあたります。

⑥ **智慧（pannāā）**

「智慧」とは、般若《はんにゃ》ともいいます。智慧を働かせて悟りを完成させることです。現代風にいえば英知を働かせることです。

これらの六波羅蜜は大乗仏教では大変重視され、僧俗一体となった仏道修行の徳目です。さらに加えて、積極的に社会に貢献する「四摂法《ししょうほう》」として、「布施、愛語、利行、同事」という徳目も説かれるようになりました。

①「布施（dāna）」は、心を込めて施すこと。六波羅蜜のものと同じ意味です。
②「愛語（priyavacana）」は、つねに慈愛ある言葉を心がけることです。
③「利行（artha-caryā）」は、慈悲心で他者のために身と口と心を働かせて活動することです。
④「同事（samā-nārtha）」は、愛他的感情を重視して他者と協働することで、今でいうコラボレーションです。

これらの徳目は理解できても、自己主張が優先する現代人には難しいと思われるかもしれません。しかし、すぐには実践できなくても、人類の英知として実践され、人々を幸福に導いた教えですから、心のどこかに留めておくと、いつかそれらしき行動ができるものです。

「たかめる生き方」とは、まずは自己の目標を持つことです。第四章で紹介したイメージすることです。そして心で反復すること、自分の潜在意識にインプットすることです。これは、いわば肥沃な大地に種を蒔《ま》くという状態です。そして、いつか潜在意識が引き出された時、種からたくさんの芽が出ることでしょう。芽が出たら水やりを忘れてはなりません。この水が瞑想による慈悲心です。

「ゆだねる生き方」でスピリチュアルな境地を体得

◉「至高体験」は「ゆだねる生き方」に通じる◉

「ゆだねる生き方」とは、自分の意識を少し上部層に置いて、みたり考えたりする訓練で可能になります。心理学的な視点でいえば、トランスパーソナルな思考です。「トランスパーソナル心理学」はアブラハム・H・マズローから始まったことは第二章で述べましたが、それまでの神を否定する人間主義心理学に続き、合理的、常識的、論理的、経験的で超越的でない知見を批判して、人間性の最高価値に焦点を合わせた新しい見識を提案したものです。

瞑想などの体験や宗教体験によって得られた高次のスピリチュアリティや心理状態を「至高体験」として、その後の心理的治療に影響を与えることとなりました（『マスローの人間論―未来に贈る人間主義心理学者のエッセイ』エドワード・ホフマン、上田吉一・町田哲司訳、ナカニシヤ出版刊、二〇〇二年）。「至高体験」とは、私たち人間は生まれながらにして自己実現の達成欲求を持っていますが、この達成欲求が実現している瞬間の興奮のことといえば、わかりやすいでしょう。

トランスパーソナルな思考をさらに発展させたのが、現代思想家のケン・ウィルバーであることも前述しました。ウィルバーはスピリチュアリティの定義として「①志向体験ないし変容状態、②意識の発達ラインにおける最高の状態、③意識の発達ラインの中で独立した一つのライン、④愛、信頼といった精神的な態度、姿勢」と説明しています（『スピリチュアリティーとは何か―哲学・心理学・宗教学・舞踊学・医学・物理学それぞれの視点から』尾崎真奈美・奥健夫編、ナカニシヤ出版刊、二〇〇七年）。

「至高体験」には、これまで紹介した四つの瞑想の中では「ゆだねる瞑想」が相当します。「ゆだねる瞑想」では意識の変容状態が起こり、至高体験でき、その中核の精神性は愛や信頼に裏づけされていることもポイントです。

臨床心理士で宗教心理にも詳しい石川勇一さんは、トランスパーソナルな視点での具体的なセラピーをスピリット・センタード・セラピー「スピリット中心療法」として発表しています。

「スピリット中心療法」とは、「その時到達できる自己の最も高い意識の場（スピリット）から、自己の心身の問題に光を当てて、自らを深く癒《いや》す自己治癒法、自己成長法、心理療法、対人援助法」であるとして、自らの意識を引き上げた状態が大事であることを説いています（『スピリット・センタード・セラピー――瞑想意識による援助と悟り』石川勇一、せせらぎ出版刊、二〇一四年）。

これは、離れた精妙な意識から眺めることで、癒す力が大きくたかまるという臨床経験から導き出されたものです。高次元の意識によって「心身を精妙なレベルから癒し、浄化するだけでなく、問題を一つの契機として、意識を拡大し、霊性を体現した新しい生き方ができるように自分や他人を導く、心理療法などのヒューマンサポートの根本原理である」として話題を呼んでいます。

このように、現代では「ゆだねる瞑想」の境地は、心理学的にも解明されています。「ゆだねる瞑想」を繰り返すことは、まさに「ゆだねる生き方」に通じる道といえるでしょう。

◉欲望を悟りの力にする◉

また、「ゆだねる生き方」は、真言密教の弘法大師（空海）が教えた「即身成仏《そくしんじょうぶつ》」の考え方がぴったりです。

「即身成仏」は、もともとインドで大乗仏教を展開したナーガールジュナ（龍樹菩薩《りゅうじゅぼさつ》）

が著《あらわ》したという『菩提心論《ぼだいしんろん》』にある言葉です。そこには「父母から生まれた肉身のままで、速やかに大いなる仏の境地を得ること」が説かれています。肉体の欲求やニーズを否定しないことが密教なのです。

真言寺院で毎日読まれている『般若理趣経《はんにゃりしゅきょう》』には、人間の欲望を否定しないで、その生きようとするエネルギーを菩薩の位まで引き上げようという意味の内容があります。たとえば「男女の営みも、またその営みにおいて恍惚状態になることも菩薩の位に至ることである」と説きます。欲望を徹底的に抑えることを教えた初期仏教とは、かなりのパラダイム的発想です。

一般的に「欲望を悟りの力にする」のは、難しいことです。しかし、人間の本性に照らし合わせて考えると決して不可能ではありません。このことは、近代の人間性心理学を説いたマズローの「人間の成長過程」に親和性がみられます。

マズローは、人が生きていくうえで必要となる欲求（本来は必要の意味）の階段説で「①生理的欲求（physiological need）、②安全の欲求（safety need）、③所属と愛の欲求（social need/love and belonging）、④承認の欲求（esteem）、⑤自己実現の欲求（self-actualization）、⑥自己超越者（transcenders）」を解き明かしています。

これは、本能的、生理的な欲求が満たされた後、順々に欲求は上昇し、最後はスピリチュアルな世界にまで向上するという人格変容のプロセスを教えています。欲求や必要を否定すれば、人間存在はなくなります。マズローが最終ゴールに据《す》えたトランスパーソナルな自己超越者こそ、密教の目指した成仏と同じ方向だとわかります。

もともと仏教の意味するところも「仏に成る教え」であり、成仏を目的としています。密教はそこに注目し、「長い長い修行を経て仏になる」のではなく、この身をもって「生きているうちに仏になる」ことを教えているのです。

◉密教の「ゆだねる生き方」◉

「即身成仏」を理解するには、日本人に親しみある経典『般若心経《はんにゃしんきょう》』の一節「色即是《しきそくぜ》空《くう》」から読み解くのがいいでしょう。

「色」とは物質のことで、この肉体と仮定してもいいでしょう。つまり目にみえる世界、可視化できることです。

「即」とは、そのままとか表裏一体の意味として理解するといいでしょう。

「是」とは、「これは」という意味です。

「空」とは、からっぽという意味ではなく、「色」の反対で、目にみえない世界、つまり不可視の世界です。

したがって、「色即是空」とは、「目にみえる世界も目にみえない世界も同じ線上にある」ということです。決して別々の存在ではなく、同じであることを意味します。ここでちょっと、自分の手のひらをみてください。手のひらの裏には手の甲があり、表裏の関係だとわかりますよね。つまり、両方が一緒になって「手」は存在しているのです。「色即是空」は、まさにこれと同じです。

とても大事なことなので繰り返しますが、「即身成仏」とは、「死んでから仏になる」のではなく、「人間の身体がそのまま仏である」こと。つまり、「身体がそのまま仏である」ことを自覚して生きるということなのです。

そうはいっても、煩悩まみれの状態を仏といえるか、と聞かれればちょっと首を傾げますよね。そうです。そこからが、「ゆだねる生き方」なのです。

「煩悩まみれの私」を自覚し、受容し、そこからスピリチュアルな向上を目指す生き方が大事です。

◉「即身成仏のパワー」で健全思考◉

私たちの日常生活はいつも安定しているとは限りません。好むと好まざるとに関わらず、毎日いろいろな問題や困ったことが起きます。そんな毎日が繰り返されると、「あぁ、嫌になっちゃった」と何もかも投げ出したくもなりますよね。ネガティブな感情に支配されて、落ち込んでいる時にこそ「即身成仏のパワー」を使いましょう。

「即身成仏のパワー」を使った瞑想なら、こんなネガティブ感情を一気に払拭《ふっしょく》してくれます。ここで、一緒に瞑想してみましょう。

たとえば、そのネガティブ感情が、人間関係から生じている場合なら、

①「私はあの（嫌な）人のせいでこんなネガティブな気持ちにさせられているのだ」という初めの感情があります。大事なのはこれを否定しないことです。

②「今の自分は、そういう気持ちになっているのだな」と納得することが受容です。

③「私はその（嫌な）人のお陰で人間修行をさせていただいている。ありがとうございます」と思い、実際に口に出してみます。

「即」の意味は、ネガティブ感情もポジティブ感情も同じ土俵にあることでした。あなたの「相手を嫌に思う」ネガティブ感情も、「ありがとう」というポジティブ感情も、同じ世界に存在します。

したがって、「ありがとう」と言い続けることで、いつのまにかネガティブ感情はポジティブ感情に変わっています。

すべてのことがこの「即身成仏のパワー」を使った瞑想で解決します。このことを「健

全思考」といいます。

仏教ではブッダの死後、偶像はありませんでした。誰も必要としなかったからです。しかし、だんだんと時代を重ねるうちに「ブッダはどんな人？」と疑問を抱く人が増え、偶像を求める声がたかまりました。最初は仏足石から始まり、徐々に仏像などが作られていくようになったのです。

仏像は、私たち人間が魂の向上を目指すための手本ともいえます。何よりも心の即、仏を感じることが大事です。

◉「ゆだねる生き方」で融合を目指す◉

仏教や密教も近代心理学も、人間の本質は崇高でスピリチュアルな境地を希求しているといえます。現在の状態から、高次に至る生き方が「ゆだねる生き方」です。

ゆだねるというのは「統合」「融合」「調和」「安寧」などの漢字でも理解できます。

密教書に頻繁に登場する「入我我入《にゅうががにゅう》」の言葉は、私と仏の世界がお互いに行ったり来たりする構造を示しています。これは平行軸ではなく、垂直軸のスピリチュアリティなのです。垂直軸とは次元ということでもあります。

『金剛薩埵《こんごうさった》五秘密《ごひみつ》修行《しゅぎょう》念誦《ねんじゅ》儀軌《ぎき》』という経典には、「無辺の五趣の生死において広く利楽を作し、身を百億に分かち、諸趣の中に遊んで有情を成就して金剛薩埵の位を証せしむ」という難しい記述があります。

この意訳は「何度も生死を繰り返しながら人間を楽しみつつ、さまざまな経験をして、最終的には高次元の仏（金剛薩埵）の境地に至ることができる」ということです。その具体的な生き方や瞑想の仕方が、密教では詳しく説かれています。

密教瞑想の経典『金剛頂経《こんごうちょうぎょう》』にある「五相成身観《ごそうじょうしんかん》」という瞑想法は、阿字観《あじかん》を発展的に具体化し、心の変容を伝えています。次の五智《ごち》は、漢字ばかりのため難しく感じるかもしれませんので、カッコの中に私の意訳をつけ加えました。

①「通達菩提心《つうだつぼだいしん》」―大円鏡智《だいえんきょうち》
（清浄なる丸い心で自心を洞察し、心に月輪《がちりん》を観想する。）

②「修菩提心《しゅうぼだいしん》」―平等性智《びょうどうしょうち》
（清浄なる丸い心で阿字を観じ、すべてが平等であり、智の菩提心を起こす。）

③「成金剛心《じょうこんごうしん》」―妙観察智《みょうかんざっち》
（月輪内の金剛杵《こんごうしょ》を宇宙大に拡大、縮小させつつ、菩提心を堅固なものにする。）

④「証金剛身《しょうこんごうしん》」―成所作智《じょうしょさち》
（宇宙に遍満するすべての如来が、金剛杵の中に入り、自らの金剛性を体得する。）

⑤「仏身円満身《ぶっしんえんまんしん》」――法界体性智《ほっかいたいしょうち》

（入我我入の境地から、仏と一体となる宇宙即我の境地に至る。）

最後の「法界体性智」の境地こそが、密教の目指す高次元の宇宙心です。その絶対平等の普遍的真理に到達することのできる瞑想法が、密教瞑想の究極の目的なのです。

自心の本質である自内証を悟り（自己覚智）、法界という究極の宇宙性を感得する瞑想法が最も優れているのです。高次元の世界については最終章で解説することにします。

コラム　スマホ依存から脱却する方法

私たち人間の脳は、一度ドーパミンなどの「快楽物質」を味わうと、習慣的にその行為を重ねるようになります。その結果、どっぷりとつかることになってしまいます。これを依存症といいますが、最近の精神医学会の報告では「スマホ依存症」が増えてます。

インターネットの利用者数をみると、パソコンよりもスマホを使っている人の数が上回ることからも明らかで、スマホを持っていない人を探すのが大変なくらい、現代人にとって便利な道具として欠かせないものとなっています。

しかし、このスマホに依存した生活が人間関係を希薄にさせ、コミュニケーション不足を助長させています。

私自身もスマホを四年前から使用していますが、電話よりメールの送受信、フェイスブックなどの利用が多いのです。ただスマホ依存への注意はしています。以前にゲーム依存の青少年と関わった経験からも、この問題には注視しています。

ゲーム依存が増加しているのは日本だけではありません。二〇一九年五月に開かれたWHOの年次総会では、「国際疾病《しっぺい》分類」に「ゲーム障害」を新たな依存病として加えることを採決しました。「ゲーム障害」とはオンラインゲームやテレビゲームのやり過ぎで日常生活に困難をきたすことです。

「インターネット依存症（ネット依存）」は、「インターネットに過度に没入してしまうあまり、コンピューターや携帯が使用できないと何らかの情緒的苛立《いらだ》ちを感じること、また実生活における人間関係を煩《わずら》わしく感じたり、通常の対人関係や日常生活の心身状態に弊害が生じているにも関わらず、インターネットに精神的に嗜癖《しへき》してしまう状態」といわれています（国立久里浜医療センター、http://www.kurihama-med.jp.）。このような依存症の治療には専門医の診断を仰ぐことが大事です。

すでにアメリカの小児科学会では、スマホ依存などのソーシャルネットワークが精神的な悪影響として「①依存性がある、②孤独感が増す、③比較は精神的な害、④嫉妬と悪循環を生む、⑤助けになると誤解する」などがあげられています（Alice G,Waiton. http://www.forbesjapan.com.16843.）。

ＳＮＳは上手に使用すれば、快適で楽しく生きがいさえもたらすことになりますが、使い方を間違うと害になることを知っておかなければなりません。ＳＮＳの評価には、自分の価値と錯覚してしまう落とし穴があります。フェイスブックも「イイネ」がもらえないと、疎外感や焦燥感に苛《さいな》まれる人もいます。

そんなスマホ依存からの脱却は、本当は中毒からの回復と同じように勇気を持って手放せたら一番いいのですが、そこまでできない人はスマホから物理的に距離を置くことが重要です。思い切ってスマホを一定期間、自分から離して生活する訓練をしてください。適宜な距離感を保ちながら、自分にとって有用な使い方を心がけるしかありません。それこそが「生き方をゆるめる」ことにもつながります。家庭でできなければ、専門の宿泊研修施設などで訓練することも必要です。

第六章

宇宙の心につながる

仏教は宇宙論に通じる

◉日本人が白黒つけたがらないのは遺伝子のせいだった◉

古来から、私たち日本人は物事に対して明確に白黒をつけるという文化を持ち合わせていませんでした。自分の主張だけを正しいと強調する原理主義にはならなかったのです。それは四方を海に囲まれ、緑豊かな環境の中で農耕民族として自然と共生してきた先祖からの遺伝子が関係していると思われます。このような考え方を基層文化といいます。基層文化は日本だけでなく、ユーラシア大陸にも共通したものです。

氷河期が終わった一万年ほど前、それぞれの国（大地）は大陸から切り離されました。その後、樫の森に覆われたイギリスやブナの森に覆われた日本などでは、隣接する小さな島々に聖なる存在を求めました。ストーンサークルや土器、装飾品などによって、太陽の甦《よみがえ》りが魂《たましい》の再生と世界の新生を意味づけ、さらには、森の崇拝（アニミズム）を基調とした自然信仰があったのです。

神道や仏教は、この基層文化と融合して日本人の精神性を育《はぐく》んできました。現在、日本人には大きく二つの考え方が宿るといわれています。日本人の精神性を深く研究している社会学者のトマス・カスリスは、それについて、「インテグリティー（Integrity）正直、律儀、節操」と「インティマシー（Intimacy）親密、懇意、信愛」の二相であると述べています。

インテグリティーの認識論は、真実の対応理論・形而上学に基づき、二元論、二極性のパラダイムを示しています。それに対してインティマシーの認識論は、真実の同化理論で形而上学を含む陰陽モデルや対立的存在が相互貫入している構造です（『インティマシーとあるいはインテグリティー──哲学と文化的差異』トマス・カスリス、衣笠正晃訳、法政大学出版刊、二〇一六年）。

日本人にはどちらもあるのですが、インテグリティーの二元論で白黒をはっきりさせたい欧米人と異なり、どちらかというと、インティマシーの中庸《ちゅうよう》やグレーゾーンを好む人が多いようです。日本人的特性といえるのではないでしょうか。

この最終章では、いろいろな高次的理論を展開しますが、難しいと感じる人がいるかもしれません。どうか寛大な心を持って読み続けていただけたらと思います。

◉この世の法則──因果応報◉

仏教では縁起《えんぎ》を説き、その延長に因果応報説を唱えました。

因果応報とは、洋の東西を問わず「いい種を蒔《ま》けばいい結果として帰ってきて、悪い種を蒔けば悪い結果として帰ってくる」ということです。

しかし、国内ではこの因果応報説が曲解されました。たとえば、「障害を抱えたり病気を得るのは、過去世で悪い行いをしたせいである」といったような間違った差別意識を助長したこともあり、仏教内部でも積極的な教えとはしませんでした。さらに、因果応報には、中国の儒教精神の一つである善を奨励し悪を懲《こ》らしめるという「勧善懲悪論《かんぜんちょうあくろん》」の考え方が加わって、悪い面だけが強調されてきたという経緯もあります。本来、よい面こそ大いに活用されるべきです。

仏教の最終目標は輪廻《りんね》からの解脱《げだつ》であり、究極はこの世の因果説も超えて解脱することですが、現実社会においては、因果応報はこの世の大原則なのです。別の言葉でいえば「自己責任の因果説」ともいえます。

因果応報をスピリチュアルな次元で読み解けば、自力本願といえます。正しさの基準はあくまでも内なるスピリチュアリティに問うことです。さらに、行為の結果も動機という因子が働くことになります。自我我欲で出発するか、他者への思いやりから出発するかで、結果も異なってくるということです。

純粋な動機とは利他行《りたぎょう》であり、人のためになること、そのために自利《じり》を生かすこと、平和な気持ちを持ち続け、人を傷つけないように配慮することです。愛の行為だけではなく、祈りも含みます。私たちが他者に親切にすることは、大事な善行の種を蒔くことといえます。

したがって、今の意識やイメージが明日の私を作っているのです。将来幸せになろうと思うなら、今を幸せに感じないことには実現できません。

仏教の「四摂法《ししょうほう》」「四無量心《しむりょうしん》」「自利利他《じりりた》」などの教えは、因果応報の原則を仏道としてたかめてゆだねるための実践道なのです。

◉今起きていることから目を背けない◉

私たちがやがて往《い》き着く世界とはどんなところでしょうか？　あの世、他界、異界、極楽、地獄、天国、パラダイスなどと呼び名はいろいろありますね。

仏教に限らず、これまで世界の思想家や哲学家、そして宗教家や神秘主義者がいろいろな発言をして、人間の還《かえ》るべき世界を表現してきました。そのどれもが本当と思える時もあれば、胡散《うさん》臭い眉唾物《まゆつばもの》と思える時もありました。

しかし、どうやらこの地球は環境的に最終局面を迎えていることは、否めないようです。それは「地球温暖化」という「不都合な真実」です。

近年の著しい環境の変化は、風水害、地震、津波など自然災害の脅威を目の当たりにして、誰しもが感じていることでしょう。紛れもなく、この原因は今を生きる私たち人間にあります。

人類の歴史は、ジャワ原人といわれるホモ・エレクトスが発見されたおよそ一八〇万年前といわれています。五〇万年前には火を使った痕跡が中国で発見されたそうですから、この頃には智慧《ちえ》を持った人類の始まりがあったとみていいでしょう。さらに、一〇〇年前には科学文明によって電気や石炭、ガソリンを使うようになりました。これらは自然と共存して生きてきた歴史でもあります。

では、火を使った人類の歴史五〇万年を五〇メートルの長さに仮定すると、科学文明によって便利になった一〇〇年は、五〇メートルのうちのたった一センチメートルに換算できます。さらに、原子爆弾や原発の使用は七〇年くらい前ですから、わずか七ミリメートルということです。

ここで私が何をいいたいのかといいますと、地球と人類は五〇メートルという長い共存の歴史の中でありながら、わずか残り七ミリのところで、人類が地球を破壊しようとしているということです。あまりにも、短絡的過ぎませんか。この近代社会が、地球そのものを滅亡へ誘っていることを知らなくてはなりません。

人間が便利さや日々の生きやすさを求めて自然破壊を繰り返した結果、私たちのこの地球が破滅へまっしぐらに向かっていることをきちんと自覚しなくてはなりません。

◉「共苦」を心に刻む◉

「人は何のために生きているのか」という問いが、僧侶になる大きなきっかけとなったことは、すでにお話ししました。

私はその答えを求めて、これまでいろいろな体験や学びをしてきました。本来の僧侶生活は、昔であれば結婚などはできませんでした。スリランカなどの南方仏教や中国、台湾、韓国の禅宗のお坊さんも戒律を守って結婚はしません。しかし、日本の社会では「僧であっても同じ人間」という風潮があります。そういう意味では、日本の僧侶は結婚して子育てがあり、肉食も許されていますから、破戒僧そのものといえます。

私もスリランカへ留学した当時は、日本でも独身を貫こうと考えていました。でも、ある日、檀家の役員から「日常の生活苦を体験しない僧侶は民の本当のつらさはわからず、高見の見物や」といわれたことで、目が覚めました。

仏教では「共苦《きょうく》」という言葉があります。これは、病気や生活で苦しむ人々の心に共感することです。自分が人々の暮らしを同じように経験し、苦しみも悲しみもつらさも喜びも味わってこそ、同じ目線で寄り添うことができるというケアの本質を説いています。

私は意を決して、ご縁をいただき今の妻と結婚をして、三人の子どもを授かり、子育ても経験しました。実際に子育ては大変でしたが、社会的な仕事に従事することで、人間生活を体験しその苦労を理解できるようになったのです。そのお陰で、多くの悩みを持って相談に訪れる方々の心に、親身になって寄り添うことができるようにもなりました。

◉この世を去る覚悟を持つ◉

仏教の根本的な教えに「無我《むが》」があります。

「我は無い」と書きますが、本来の語源は古代インド語のパーリ語で「アンアートマン(anattan)」といい、「我が(もの)ならざる(こと)」「我を有せざる(こと)」という二つの意味があります。

このアンアートマンは仏教以前からバラモン教にも説かれたもので、「息するもの」を意味します。つまり眼にはみえないけれど「息づく命のエネルギー」です。世界宗教的にいえば、神や仏とつながっているエネルギーです。仏教では長く「仏性《ぶっしょう》」といいました。そして、「仏性」は不滅であるとも説きます。これは『涅槃経《ねはんきょう》』の中にわかりやすい説明があります。

「すべての形作られたものの中で、ただ仏性を除いて、不滅なものはない。たとえばマンゴーの木を考えてみよう。マンゴーの花が散る状態は無常だが、果実を結んで他に多大な利益となる事実は不滅である。たとえば、金を含む鉱石が溶ける状態は無常であるが、溶けて金だけが固まり、他のもののために大いに役立つようになった時は不滅といえる。たとえば、胡麻《ごま》が圧縮されない状態は無常であるが、圧縮され、油として搾り出されたら、いろいろなことに利用される。これが不滅である」（『「涅槃経」を読む　ブッダ臨終の説法』田上太秀、講談社学術文庫刊、二〇〇四年）。

この意味するところを深く理解することによって、私は「真理には私という個人的恣意《しい》は、存在しない」と解釈しています。つまり、すべての存在は宇宙の根源的な命に帰するものであり、個人がいつまでも存在することはないということです。

密教ではこの命の根源の教えを、法身、すなわち大日如来《だいにちにょらい》（宇宙神）の説法であるとしています。法とはダルマのことであり、それは「四法印《しほういん》」を意味します。四法印とは「諸《しょ》行無常《ぎょうむじょう》・諸法無我《しょほうむが》・一切行苦《いっさいぎょうく》・涅槃寂静《ねはんじゃくじょう》」で、簡単にいえば「すべてのものは一定ではなく変化し続けること、真理は我では変えられないこと、一切のモノへの執着は苦しみになること、それらから解脱した静寂な境地は悟りになること」です。

この世をいつでも去る（死ぬ）覚悟さえあれば、怖いものはありません。その時に「今がそのよい時だな」と思えばいいのです。

◉心の階梯を解き明かすもの◉

新進気鋭の現代思想家といわれるケン・ウィルバーはこの本にもたびたび登場しています。そのウィルバーは存在や意識と知の世界を次の一〇段階に分け、「ポスト形而上学の存在と知のレベル」として説明しています。

①古代（感覚運動系）、②呪術―アニミズム、③自己中心的、力、呪術―神話、④神話的、自民族・集団中心的、伝統的、⑤合理的、世界中心的、実用主義的、近代的、⑥多元主義的、多文化的、ポストモダン、⑦統合の開始、低度ヴィジョン・ロジック、体系的、⑧グローバル・マインド、高度ヴィジョン・ロジック、高次の心、⑨パラ・マインド、超グローバル、照明された心、⑩メタ・マインド、オーヴァー・マインド（大霊《だいれい》）。

ここで注目すべきことは、意識の上昇がこの世の多元的価値観を統合して高次の意識に入り、さらに超グローバルな光の世界を超えて、メタ・マインドという大霊まで到達する理論です。

大霊とは大宇宙意識、神、仏（ダルマ）、サムシング・グレイト（大いなる意識）の境地なのです。

じつは、ウィルバーが論述するこの意識の一〇段階論は、何と今から一二〇〇年前に空《くう》海《かい》さんが、同じように一〇段階に分けて、すでに説明していたのです。これは驚嘆すべき事実です。

ウィルバーの説と空海さんの『十住心論《じゅうじゅうしんろん》』とは、ぴったり符号しているわけではありませんが、心の階梯《かいてい》を解き明かすものとしては、比較して考察するには大変興味ある見解です。近代の科学文明にあっても人々の心の姿や成長は、一二〇〇年前の人々とそんなに変わっていないということかもしれません。

◉悟りに至る心の一〇段階論◉

では、宇宙論にも匹敵する空海さんの『十住心論』とはどんな内容なのでしょうか。正式には『秘密曼荼羅十住心論《ひみつまんだらじゅうじゅうしんろん》』といい、現代の解釈では「悟りに至る心の一〇段階論」と考えられます。

当時の朝廷が各宗（華厳《けごん》、天台《てんだい》、三論《さんろん》、法相《ほっそう》、律《りつ》、真言《しんごん》）に宗旨を論述した著作を提出するように命じたことを受けて、八三〇年に真言密教の教えをできるだけ小規模にまとめて、『秘蔵宝鑰《ひぞうほうやく》』と一緒に提出したものです。「鑰」とは「鍵」の意味ですから、密教の深遠なる悟りの世界を開く鍵という内容を含んでいます。両書とも十住心を詳しく説明しています。

ここでは密教学者の宮坂宥勝さん編著の『秘密曼荼羅十住心論』（四季社刊、二〇〇一年）や宮坂宥勝さん著の『密教世界の構造—空海「秘蔵宝鑰」』（ちくま学芸文庫刊、一九九四年）などを参考にしながら説明を加えたいと思います。

まずは、その一〇の心をまとめると以下になります。

第一住心＝異生羝羊心《いしょうていようしん》—倫理以前の世界〜教乗起因《きょうじょうきいん》
第二住心＝愚童持斎心《ぐどうじさいしん》—倫理的世界〜人乗《にんじょう》
第三住心＝嬰童無畏心《ようどうむいしん》—宗教心の目覚め〜天乗《てんじょう》
第四住心＝唯蘊無我心《ゆいうんむがしん》—無我を知る〜声聞乗《しょうもんじょう》
第五住心＝抜業因種心《ばつごういんしゅしん》—己の無知を除く〜縁覚乗《えんがくじょう》
第六住心＝他縁大乗心《たえんだいじょうしん》—人々の苦悩を救う〜法相宗（権大乗《ごんだいじょう》）
第七住心＝覚心不生心《かくしんふしょうしん》—一切は空である〜三論宗（権大乗）
第八住心＝一道無為心《いちどうむいしん》—すべてが真実である〜天台宗（実大乗《じつだいじょう》）
第九住心＝極無自性心《ごくむじしょうしん》—対立を超える〜華厳宗（実大乗）
第十住心＝秘密荘厳心《ひみつしょうごんしん》—無限の展開（宇宙性）〜真言宗（真言密乗《しんごんみつじょう》）

住心とは、心、世界観という意味です。空海さんの住心の解釈は、①悟り（菩提《ぼだい》）に至る道程と、②あらゆる思想、哲学、宗教の価値的な位置づけを表現した宗教心理の階梯でもあります。これだけでは何のことかわかりませんので、私の解釈を加えて、具体的に説明していきましょう。

◉量子論と仏教にみる共通点◉

まず、『十住心論』を理解するために現代科学の視点から考えてみましょう。

近年、科学の分野で注目を集めているのは量子論です。私は物理科学者ではありませんので、量子論についての科学的説明はうまくできませんが、一般常識的な視点から、仏教と関連づけて説明します。

一九二二年にノーベル物理学賞を受賞したデンマーク生まれのニールス・ボーア博士が量子論を発表しました。ボーアの発見した量子論はそれまでの古典的物理学から新しい量子物理学への道を切り開き、多くの若手研究者に対して先駆的な働きをしました（『量子論を楽しむ本―ミクロの世界から宇宙まで最先端物理学が図解でわかる！』佐藤勝彦、PHP研究所刊、二〇〇〇年）。

じつは、ボーアは後に渡米し、広島と長崎に落とされた原子爆弾の製造に関与することになります。ボーア自身は原子爆弾の管理及び使用に関する国際協定の締結に奔走《ほんそう》しましたが、残念ながら、その願いは叶いませんでした。

現代科学の因果関係が、「原因↓法則↓結果」であるとするならば、量子論における因果関係は「入力↓作用素↓出力」となります。これだけでは何のことかよくわかりませんね。

たとえば、一般の科学では、元になる「データ」を一定の「計算式」で割り出して「結果」を出すというのは常識です。しかし、量子論では「計算式」がなく、「データ」の裏側にみえない法則が隠されているとします。

仏教では、密教の六大《ろくだい》の「識《しき》」がこの「みえない法則」にあたります。データとなる「地、水、火、風、空」という五大要素を動かしている識の中に、すべての情報や法則が働いているのです。

具体的に野球のゲームでいえば、ピッチャーもキャッチャーもバッターも「存在するモノ」です。しかし、それらが作用して起こる「ホームラン、ヒット、アウト」という状態はモノではありませんね。そういう関係性の概念が量子論では作用素になるのです。

量子論では電子は波動と粒という両方の特性を持つものと解釈し、すべての物質が波動を持っていることを解明しました。そして「波動関数」という概念を使い、モノが動くというより、波動エネルギーが宇宙を動かしていると解釈します。

空海さんはそのことを、『声字実相義《しょうじじつそうぎ》』で「五大《ごだい》に響きあり」と明言したのです。これが今から一二〇〇年も前のことです。

ボーアの発見した量子論は、物質観、自然観の特徴を「相補性原理」として、一見相入れないはずの二つの物質が、互いに補い合って一つの事物や世界を形成しているというものです。ボーアはその相補性を証明するシンボルとして、中国の「陰陽思想」を象徴する「対極図」を好みました。これは西洋的二元論ではなく東洋的な一元論に基づくもので、この章の最初に述べたインティマシーの考え方になります。

発展した量子論はさらに「多世界解釈」が提起されました。「重ね合わせ」や「波の収縮」理論もインティマシーです。仏教の「色即是空《しきそくぜくう》」の解釈や、華厳経や密教の「重々帝網《じゅうじゅうたいもう》」（帝釈天《たいしゃくてん》の張り巡らした珠の網）のように、縦横無尽のネットワーク理論として理解されつつあります。

最近では、ミクロ世界からマクロ世界までの宇宙論にまで発展し、「量子宇宙論」や「素粒子物理学」が発表され、日本人のノーベル賞受賞者も登場するようになりました。「場の量子論」の理論では、「無・ゼロは物理的にあり得ない」とします。つまり真空の中には何もないのではなく、「真空のゆらぎ」があるということです。仏教には、このことを表すための「真空妙有《しんくうみょうう》」というぴったりの言葉があります。

有名なアルベルト・アインシュタイン博士の「相対性理論」は、これまでは量子論と異なった理論とされてきましたが、最近では統合化が図られて「大統一理論」として説明されようとしています。

これはまさに、真言密教の曼荼羅が説く、金剛界《こんごうかい》と胎蔵界《たいぞうかい》の「而二《にに》不二《ふに》」という統合的世界観と親和性を持って符合するかのようです。

空海さんの『即身成仏義《そくしんじょうぶつぎ》』では、「重々帝網を即身と名づく」とありますが、「縦横無尽に張り巡らされた網のネットワークに命の永遠性、悟りの境地がある」ことは、量子論、宇宙物理学でいう「超弦原理」との相関性も感じます。この理論は、宇宙の姿やその誕生のメカニズムを解き明かし、同時に原子、素粒子、クォークといった微小なもののさらにその先の世界を説明する理論の候補として、世界の先端物理学で活発に研究されている理論だそうです（https://ja.wikipedia.org/wiki/超弦原理）。

密教の世界観、宇宙観を解明できるのは、現代科学の量子論や宇宙論なのかもしれません。このように空海さんが称《たた》えた『秘密曼荼羅十住心論』は、古くて新しい理論ともいえます。『十住心論』はこの世的な理解から始まって、究極は魂の行き着く垂直軸として、そのままスピリチュアリティの発展過程になります。

たとえ、現実が不合理、不条理な状態の生きざまだとしても、それなりに自分の使命を全うすることはできます。使命とは自分と社会の二つに関わることです。

まずは、瞑想の中で「自分の内なる真実の声を聴く」訓練をしましょう。内なる声は、初めはわからなくても毎日少しずつ瞑想をしていると聴こえてきます。それは、誰でもできるのです。

◉自分と関わる、社会と関わる◉

次に人間としての社会的義務を誠実に果たしましょう。社会的義務とは、仕事はもちろんのこと、家庭や地域社会の中で自分のすべきことです。

仕事は単なる収入を得るためだけにするのではありません。仕事を通じて己のスピリチュアリティ、魂を磨くことなのです。たとえ困難な事案があっても、英知を持って尽力し実践した時に大きなご褒美《ほうび》（次元上昇）が得られます。

家庭の使命とは、夫婦が協調して子育てや家の経済が循環するように努力し、人間としての営みを誠実に次世代に引き継ぐことです。家庭は子育ての大事な場所で、動物でいえば巣にあたるところです。親は自分たちの巣が快適で安全な子育ての場所になるように、それだけを一所懸命に守っています。餌を確保するにも命懸けで生きているのです。

仏教には「啐啄同時《そつたくどうじ》」という言葉があります。これは鳥の雛《ひな》が成長して殻を破る時期がくると、親はその卵が割れやすいように外側からトントンとつついて割れ目を作りますが、その時が同時であることをいいます。それによって、健全な自立が達成されるという意味です。人間の親子間では難しいことですが、親は子どもへの愛情をちゃんと伝えられることが大事です。家庭は喜怒哀楽という感情運動の連続です。じつに多くの感情体験を得られるのが家庭生活で、大事な人間修行の場です。

地域社会のことは、自分や家族のことだけではなく、地域のみんなで環境整備や行事に参加することです。地域で暮らすことは調和社会の実現へ向けてお手伝いしていることでもあります。都会暮らしだと、どうしても地域とのつながりが希薄になりがちです。それでも何かの行事には、自分たちから参加して、交流を深めることが大切です。調和ある社会作りの一翼《いちよく》を担うという意味でも、積極的に地域と関わりましょう。そういう体験学習が、魂の向上に役立つことはいうまでもありません。

「国際平和瞑想センター」の使命

◉国際平和瞑想センター建設への思い◉

さて、ここからは私のこれからのことを記《しる》したいと思います。

二〇一八年春、私が住職をしている飛騨千光寺《ひだせんこうじ》の境内《けいだい》に「国際平和瞑想センター」を建設することが法人役員会、総会で決定しました。

千光寺は歴史的には由緒《ゆいしょ》あるお寺ですが、現在では檀家も少なく、運営や経営には厳しい面があります。毎月の固定収入はありませんので、私と副住職、寺族、お手伝いなどの給料をその都度工面して調達しています。今回の瞑想センター建設には、私自身が全国を講演して回ったり、大学の講師をしたりして少しずつ貯めた私財を投じましたが、それだけでは到底足りません。多くのご縁ある人たちから基金をご寄付いただいたお陰で、無事に完成することができました。本当に有り難いことです。

一二〇〇年にも及ぶ千光寺の歴史で、最もダメージが大きかったのは、四五〇年ほど前に甲斐武田勢による飛騨攻めの折に山内《さんだい》すべての伽藍《がらん》を焼失したことです。その後、高山城主の支援もありましたが、いまだに復興の途中だといっても過言ではありません。

そんな中で、二〇一三年には焼失から四五〇年を記念して、境内の檜などを伐採して「極楽門」を復興できました。伽藍を復興することは、一般的に以前と同じ建物を建てること、つまり復元と解釈されます。そういった復元は、文化財的には大事なことかもしれません。しかし、私はこの解釈には異論を持っています。空虚な形だけの伽藍を建てるだけでは、本当の復元の意味は果たせないと考えているからです。

本来、仏教寺院の伽藍は、その堂宇《どうう》の中で仏法を学び、僧尼が修行を実践するところです。伽藍は脈々と受け継がれてきた仏法を説き、多くの善男善女の幸せを願い、善導教化することにこそ意義があるのです。観光客を引き寄せるだけの建物を建てても、本来の意味とはかけ離れてしまいます。全国の観光寺院が悪いというのではありません。因みに、千光寺でも観光目的で円空仏《えんくうぶつ》を拝観したいという人を受け容《い》れています。

私自身が僧侶として果す役割の一つに、千光寺の伽藍があった場所に、現代人が仏法を学び体験できる施設、道場を建てる請願を起こしたのです。本年で六五歳になり、いろいろな人生経験をさせていただいた集大成として、瞑想センター建設への具現化につながりました。

「国際平和瞑想センター」は、仏堂の役割も持ちます。中央に安置するご本尊は、高山市内の岡田賛三さんから金剛界大日如来《こんごうかいだいにちにょらい》をご寄進していただきました。仏師の高田慈眼さんが心を込めて制作された仏像です。修行する大日如来を「金剛薩埵《こんごうさった》」といいますが、インド語（梵語《ぼんご》）では「バザラ・サットバ」と呼ばれます。これに因んで、この国際平和瞑想センターは「バザラホール・金剛堂」と名づけました。これから大いに現代人の課題やニーズに応えてくれるものと確信しています。英語名は「World Harmony Meditation Center」です。まさしく、世界から訪れた瞑想者が心を調和して、悟りを目的とする道場なのです。

◉国際平和瞑想センターの理念◉

国際平和瞑想センターには、仏教の根本原理を学びつつ実践を重んじる五つの語訓（キーワード）があります。瑜伽行《ゆがぎょう》者の心得でもある「戒《かい》」「定《じょう》」「慧《え》」「解脱」「知見《ちけん》」です。

具体的に説明します。

「戒」＝倫理（研修規律）。

「定」＝瞑想（瑜伽行）。

「慧」＝慈《じ》、悲《ひ》、喜《き》、捨《しゃ》（智慧《ちえ》）。

「解脱」＝無我・空性《くうしょう》（金剛菩提心《こんごうぼだいしん》）。

「知見」＝即身成仏（秘密荘厳心《ひみつしょうごんしん》）。

「戒」とは仏教徒が守るべき戒律ですが、日本では南方仏教ほど戒律には厳しくありません。結婚もできます。また、お酒にも寛容です。これは神道との融合の影響で、酒は神様との交流に欠かせないものと考え、仏前にお酒をお供えするくらいです。実際に生活や儀式に溶け込み、仏教教団でも大目にみてきました。したがって、「戒律復興」を叫んでも、日本社会に定着するとは思えません。

そこで、国際平和瞑想センターでは、「人間としての倫理や約束を守る」ことを第一義とします。これは、研修に訪れた人たちの安全を約束し、お互いの尊厳性と守秘義務を守り、快適な修行・研修空間を設定することです。

「定」とは禅定《ぜんじょう》のことです。つまり、瑜伽行という仏教瞑想です。すでに述べたように私は「臨床瞑想法」を世に表しました。臨床瞑想法の具体化は自利利他の二道です。そこで、国際平和瞑想センターでは瞑想研修をメインプログラムとすることにしました。

さらに、スリランカで初期仏教瞑想を学んだ経験から、シャマタ・ヴィパッサナーの瞑想も大事にしています。世界のどの国の人でも、仏教瞑想を統合的に学習実践できるプログラムを目指しています。

「慧」とは、本来は智慧を意味します。その智慧を出現させるためには、具体的に「慈、悲、喜、捨」という「四無量心」を実践する必要があります。「四無量心」については、第一章と第五章で詳しく述べました。

「慈」は、修行者が「慈心解脱（metta(-)-cetovinutti)」を瞑想修行の過程で獲得する心理状態であると明記されています。実践的には「慈の三業」＝「慈身業、慈口業、慈意業」を修して、怒りや貪欲、迷苦の滅尽《めつじん》を果たし、最高の悟りの境地に至ることです。

「悲」は、自他に愛情を感じることで、共感との相関性が考えられます。つまり「誰かを心を込めて愛するという念《ねん》」は、一方的なものであってもエネルギーは放出されます。受け取る相手がそのエネルギーを感じた時、「愛されている」とわかるのです。これによって共感と思いやりが生まれます。無所得の愛です。

「喜」は、自分が生かされている命に感謝し、他者を妬《ねた》んだり恨んだりしない平等な心を研修や修行の中で実践することです。

「捨」は、第一章でも紹介した断捨離の精神です。日常の心を再評価点検して、執着を手放す訓練を実践することです。

◉慈悲を実践する◉

慈悲の精神は、本来は個人的な心の在り方を述べたものですが、国際平和瞑想センターではこれを広く「慈悲を持った社会実践活動」と位置づけています。

つまり、世の中の課題に関与しつつ、できる解決策を講じるという視点です。

具体的にどういうことかといいますと、日本の社会ではインフラ整備が進み、人々の暮らしは、大変便利になりました。

しかし、第一章でも触れたように、現代人の課題ともいうべき孤立化、核家族、人間不信などによって、「新型うつ、依存症（薬物、摂食障害、ギャンブル、買い物、性犯罪、自傷行為)、ひきこもり」などが増えています。国際平和瞑想センターでは修復プログラムを作成して、この現状の改善に関与できないかを考えています。それには専門家の医師や看護師、あるいは福祉関係者との連携が必要になってくるはずです。そこで、私自身がこれまで「いのちの活動」を通じて築いてきたネットワークの活用を検討しています。

「生きるつらさ」を乗り越えて、本当の自分に出会うことができる空間こそが、国際平和瞑想センターの役割だと考えています。そして、それこそが「臨床瞑想法」の目標にもある「人間性の回復プログラム」といえるのです。

◉解脱から即身成仏の境地へ◉

四つ目のキーワード「解脱」について詳しく説明しましょう。

解脱とは、この世であらゆる苦悩から解き放たれて清らかな仏性を獲得することです。あえて仏教の用語でいえば、諸法無我の境地を得て、空性を悟ることです。これは真言密教の「即身成仏」につながります。

国際平和瞑想センターでは、現代を生きる私たちが瞑想実修を通して、この身をもって仏性を開眼することを目的とします。つまり、すべてが覚醒という悟りを目指す研修なのです。

五つ目のキーワードの「知見」とは、悟りの内容であり検証できる精神状態を意味します。それは「即身成仏」を目指すことです。すでに述べたように「即身成仏」とは、この人間の身をもって仏になることです。この言葉は高野山《こうやさん》を開いた空海さんが持ち込んだものですが、もともと中国の師恵果阿闍梨《けいかあじゃり》や天台の『法華文句記《ほっけもんぐき》』にもみられます。即身とは「父母からいただいたこの肉身」という意味があり、『菩提心論《ぼだいしんろん》』などからの引用もあります。空海さんの『十住心論』の最終段階の境地が「秘密荘厳心」でした。そのことは密教の経典『金剛頂経《こんごうちょうぎょう》』に詳しく書かれています。

また、日本人になじみがある『般若心経《はんにゃしんぎょう》』からも「ゆだねる瞑想」の極意を会得することができます。『般若心経』の終わりにある真言は「ギャテイ、ギャテイ、ハーラギャテイ、ハラソウギャテイ、ボジソワカ」です。意訳すると、経文冒頭にある観自在菩薩(悟った仏)が、究極の悟りに至る方法として、すべてが「無我」であり、「空性」であることを説き、そのことを瞑想によって、受け取る覚悟を示したものといえます。その悟りの光の境地へ、みんなで行こうという真言です。

まさに、国際平和瞑想センターが一人から大勢の人々を受け入れて、悟りの世界へ誘う目的に適《かな》うものです。

◉国際平和瞑想センターの履修プログラム◉

国際平和瞑想センターでのプログラムについては、実働しながらバリエーションを増やす予定ですが、構想中のプランをお伝えします。

国際平和瞑想センターの理念「戒」「定」「慧」「解脱」「知見」を具体的に体感する主な履修プログラムは、理論学習と実践活動です。「心身健全と健康寿命のための理論的学習（仏教やホリスティック医学）」と「健康寿命を促進するための動的活動（作務《さむ》、清掃、歩く瞑想、遍路、読経、礼拝行、瞑想、観法など）」ですが、具体的な瞑想研修として、次の一〇プログラムがあります。

・二時間瞑想研修プログラム（理論講義と実習）
・三時間瞑想研修プログラム（理論講義と実習）
・午前三時間瞑想研修プログラム（理論講義と実習）
・午後三時間瞑想研修プログラム（理論講義と実習）
・一日六時間瞑想研修プログラム（理論講義と実習）
・二日間瞑想研修プログラム（理論講義と実習）
・三日間瞑想研修プログラム（理論講義と実習）
・七日間瞑想研修プログラム（理論講義と実習）

・一ヵ月瞑想研修プログラム（理論講義と実習）
・長期滞在瞑想研修プログラム（理論講義と実習）

事前に研修希望者と情報交流（アセスメント）をさせていただき、その人に一番ふさわしいプログラムを展開してゆきます。

さらに、若いビジネスパーソンなどが、生活や仕事の合間に瞑想を取り入れて、自己のメンタルヘルスに活用できるような研修プログラムも用意しています。詳しくは千光寺ホームページ、もしくは、国際平和瞑想センターへお問い合わせください。

◉ブッダの瞑想と空海さんの密教瞑想◉

国際平和瞑想センターでの瞑想プログラムは、基本的にブッダの瞑想と空海さんの密教瞑想の二本立てになります。この違いを具体的に学びます。

ブッダの瞑想の真髄は、一般仏教（顕教《けんぎょう》）の教えでもありますが、人間が自己の欲望や感情をコントロールして、苦しみや執着から解放されるという解脱を目的としたものです。「みつめる瞑想」と「みつめる生き方」でその瞑想の根幹を説明しました。

一方、真言密教を説いた空海さんの瞑想は、解脱から一歩進んで、宇宙意識を悟るのが目的です。あえていえば、人間の欲望を希望に変えて（昇華《しょうか》）、より積極的に幸せを実現する瞑想法です。「たかめる瞑想」と「たかめる生き方」、「ゆだねる瞑想」と「ゆだねる生き方」でも、この宇宙とつながることについては若干の説明をしました。

二つの違いをもう少し別の角度から詳しく述べたいと思います。

四つの瞑想法を総合的に自由に活用するために「統合瞑想」とあえて表現します。最終的には、どの瞑想法が大事かという選択ではなく、多元的な価値を統合化した瞑想で、私たちは宇宙とつながることができるというものです。

この世には、すでに瞑想という姿勢や形を取らなくても、瞬時に宇宙意識とつながる人もいます。いつでもその宇宙からの真実のメッセージを受け取ることができる人です。

では、「即身成仏」するための宇宙性を感じるような宇宙意識とは何でしょうか。

◉ラビリンスの瞑想を体験する◉

国際平和瞑想センターでは国際色を意識して、どの宗教や思想であっても利用できるように配慮しました。特にバザラホール内には老若男女を問わず気楽に瞑想できるように、「歩く瞑想道」として「ラビリンス（labyrinth）」という絵図を設置しました。

ラビリンスは古くギリシャ神話から始まったといわれていますが、時代を経てフランスのノートルダム寺院などの床に描かれ「歩く瞑想、祈りの道」として、歩く人自身が行う霊的実践（spiritual practice）として発展します。キリスト経の修道院などで活用され、その後に世界に広がりを見せ、スリランカの仏教寺院にもありました。一九九〇年代に米国の教会から、医療・福祉・心理・教育分野の他、公園・保養施設・イベント施設・個人宅などへと広がり、日本へも入ってきました。最近は宗教にこだわらず、スピリチュアルケアのワークショップでも持ち運びに便利なシート式のものが利用されています。

ラビリンスは「迷宮」を意味する英語ですが、次の点で普通の迷路とは区別されます（https://ja.wikipedia.org/wiki/迷宮）。

・通路は交差しない。
・一本道であり、道の選択肢はない。
・通路は振り子状に方向転換をする。
・迷宮内には余さず通路が通され、迷宮を抜けようとすればその内部空間をすべて通ることになる。
・中心のそばを繰り返し通る。
・中心から脱出する際、行きと同じ道を再び通らなければならない。

悩みや迷いを抱えた人は、迷路をさまよっている状態で出口がわからず、考えも迷走しがちです。そんな人でも、やがて目的地（迷宮）に到着し、生きるエネルギーをチャージ

● 一般的なラビリンスの図柄

● 千光寺のラビリンスの図柄

してゆっくりと戻りの瞑想をすることによって、自分らしい生き方をみつけることが可能になります。

ラビリンスは屋外に設置することが多いのですが、雪深い千光寺では冬場は五ヵ月ほど雪の影響を受けます。しかも除雪が大変です。そこで、あえて屋外ではなく室内の絨毯《じゅうたん》に布設しました。

また、右の図をご覧ください。一般的なラビリンスは上のような図柄ですが、バザラホール内の絨毯に描かれたラビリンスは下の図柄で、千光寺のオリジナル模様です。このラビリンスの中心には千光寺の杉丸太が立ち、あなたを迎えてくれます。ぜひ、ラビリンスを使った「歩く瞑想」でスピリチュアルワークを体験してください。

一般的なラビリンスの図柄は友人の武田光世さんにご提供いただきました（『聖なる道を歩く――ラビリンス・ウォーク』ローレン・アートレス著、リチャード・ガードナー監修、武田光世訳、上智大学出版刊、二〇一四年）。

◉瞑想をしたいと思う人の出発点は◉

国際平和瞑想センターや千光寺で、本当に瞑想を深めたいと思う人に、ぜひ最初に自覚していただきたいことがあります。

それは、日本の僧侶になる時の得度式《とくどしき》で「遭いがたき仏法に逢えたことを無上の喜びとする」ことを教えられます。まさしく、仏教の本質に出会うことは大変なご縁なのです。

チベット仏教（ゾクチェン）では、修行しようとする者は、最初に「人生に対する態度を変える四つの瞑想」を教えられ、その訓練をさせられます（『チベット密教の瞑想法』ナムカイ・ノブル、永沢哲訳、法蔵館刊、二〇〇〇年）。
・人間として生まれることが貴重な機会であること。
・生は無常である。
・カルマの原因と結果。

・輪廻はすべて苦しみである。

修行の段階で迷いが生じたり、怠け心が出た時に、この四つの出離の意味を自分に問いかけて、意識の流れを浄化することが大切です。私たちの心（意識）は絶えず、外界との摩擦によって、傷ついたり汚れたりするものですから、つねに掃除して澱《よど》みを取り去りクリアに保つことが大事です。その手段の一つに瞑想が有効といえます。

本当のスピリチュアルケアを目指して

◉自分らしく死ねる生き方を選択する◉

どう生きるかという問いは、どう死ぬかという命題でもあります。そういった学びは、最近は大学でも科目となり、スピリチュアルケアや死生観学習、アドバンスケア・プランニングであったりします。

経済学者で科学的スピリチュアリティ教育を提唱している飯田史彦さんは、生きがいを創造するうえでの「五つの仮説」を説いています。「科学的」という意味は、宗教的や思想的な押しつけではなく、あくまでも「仮説」であり、あくまでも思考法として提示することによって、さまざまな「つながり感」を構築するのが目的です。その五つの仮説を説明しましょう（『スピリチュアリティ教育のすすめ』飯田史彦・吉田武彦共著、ＰＨＰ研究所刊、二〇〇九年）。

①　**死後生仮説**（life after death hypothesis）

「現在の自分の思考（脳意識）」と「時空を超えて永遠に存在する自分の正体（魂）」との「つながり感」を構築すること。人間はトランスパーソナル（物質としての自分を超えた精神的な存在）であり、「自分という意識」（魂）は、肉体的な死を超えて永遠の存在であるとする。

②　**生まれ変わり仮説**（reinicarnation hypothesis）

「現在の自分」と「過去や未来で別の人生を送る自分」との「つながり感」を構築すること。人間の本質は肉体に宿っている（脳とつながっている）意識体（魂）であり、学びの場である生と死を繰り返しながら、数多くの人生を通じて成長しているとする。

③　**ライフレッスン仮説**（life lesson hypothesis）

「自分が現時点で直面している試練」と「その試練を通じた学びによって価値をたかめるという人生の全体的な仕組み」との「つながり感」を構築する。人生で直面するすべての事象には深い意味や価値があり、あらゆる体験は「自分自身で計画した順調な学びの過程」なのであるとする。

④ ソウルメイト仮説（soulmate hypothesis）

「自分」と「他人」との「つながり感」を構築する。人間は自分に最適な両親（修行環境）を選んで生まれるのであり、夫婦・家族・友人などの身近な人々とは魂のつながりがある。この「ソウルメイト」は、過去や未来の人生でも、立場を交代しながら身近で生きること。

⑤ 因果関係仮説（the law of causality hypothesis）

「現在の自分の状況や言動」と、「過去や未来の自分の状況や言動」との「つながり感」を構築する。人生には「自分が発した感情や言動が、巡り巡って自分に返ってくる」という「因果関係の法則」が働いている。愛のある創造的な言動を心がければ、自分の未来は、自分の意志と努力によって変えることができる。

さてあなたはこの五つから、どれを選ぶでしょうか。インティマシーの考え方からしても、どのような考え方や生き方を選ぶのもあなた自身です。大事なことは、選んだあなたが自分らしく生き、自分らしく死ねる生き方を選択することです。

そのためには、日頃から真実を求める意識を大切にすることが肝心です。

◉「たましいの痛み」をケアする◉

一九九八年にWHOでは、その理事会において、人間の健康に関する憲章定義に「スピリット、スピリチュアリティ」の言葉を追加することを可決しました。WHOの解釈では、スピリチュアリティとは「第1領域―個人的な人間関係、第2領域―生きていくうえでの規範、第3領域―超越性、第4領域―特定の宗教に対する信仰」としています。翌年の総会には上程されなかったので、まだ正式な変更にはなっていませんが、この年を境に世界では「人間にとって必要なスピリチュアリティ」の議論が始まったといっても過言ではありません。このことは同時に現代人の「幸福論（Wellbeing studies）」の研究にもつながります。

つまり、人類が多くの間違いに気づいたのです。物質至上主義が人類に平和と繁栄をもたらすのではなく、スピリチュアリティに根差した生き方こそが大事であり、世界や地球にとって何が平和と繁栄や幸福をもたらすのか。その真実の道を探ろうとしているのです。

じつは、日本では二〇年前には「スピリチュアル」や「スピリチュアリティ」という言葉自体、正しく認識されていませんでした。それどころか、どこか怪しいとかいかがわしいと思われていた節もあります。しかし、現在は医療、福祉、経済、社会のあらゆる分野で取り入れられ、特に「スピリチュアル・ヘルス」という生きがい論が重視される傾向にあります。

私は二〇〇五年に、キリスト教のシスターであった高木慶子さんを聖トマス大学に訪ねて「日本のスピリチュアルケアを超宗教で考える会を作りませんか」と相談し、翌年には日野原重明医師を代表とする「日本スピリチュアルケア学会」を創設し、その理事となりました。

これまでの著書でもスピリチュアルケアについては紹介しましたが、三〇年前から特に病院や福祉施設を訪問し、あるいは千光寺において「スピリチュアル・ペイン」を訴えて来られた多くの人たちと関わってきました。

それは身体的、心理的、社会的、スピリチュアル的な苦悩に対するもので、病気だけでなく、家族との別れや人生の苦難に遭遇した時に複雑に絡み合って表出する総合的な痛みです。

東日本大震災後は、多くの人のスピリチュアルケアにも関わってきました。「たましいの痛み」は眼にみえない部分でもあり、人それぞれに異なります。パターンや法則、マニュアルがあるわけではありませんが、多くの論文に共通する方向性があります。

そのスピリチュアルケアの内容については、私は講演などで、「内的自己への探求」「自己の生きる意味」「大いなる存在との関係性」の大きく三つに分けて説明します。

個人の各課題に対応するたましいのケアがスピリチュアルケアなのです。しかし、もっと深いところのスピリチュアルケアがあります。それは三つ目の「大いなる存在」つまり、神、仏、天、先祖、宇宙、大自然といった人間を超えた領域に関する課題です。それは取りも直さず、自分が死後に往くべき世界と関係しています。

◉四つの「死生観」とは◉

スピリチュアルケアの研究として日本では、一九七〇年代に「thanatology」や「death study」の訳語として「死生学」という学問が入ってきました。大学などでも「死生学講座」が始まり、発展してきました。

これらの動きは医療機関でも話題となり、一九七七年には医療関係者を中心に「日本死の臨床研究会」が発足し、がんの告知やケアの在り方が問われ始めました。

一九八一年には、静岡の聖隷三方原病院において日本初のホスピスが誕生します。東京では一九八二年にアルフォンス・デーケン氏を中心に「死の準備教育―生と死を考えるセミナー」が上智大学で開講され、アカデミックな議論も始まりました。

さらに仏教系では、一九八五年に新潟長岡西病院にビハーラ病棟ができて話題となりました。

「死生学」は死後の世界や他界観を語る専門分野です。これは「どう死ぬか」ということを考えることではなく、むしろ「死の風景から、今をどのように生きるか」を考えるものです。

従来、この課題に取り組んできたのは宗教が中心でした。しかし、最近は寺社教会では儀式が中心となって、「生きる意味」をじっくりと考えることも少なくなってしまいました。そこで、宗教の枠を超えたスピリチュアル教育や実践が大事だと考えています。

イギリスに拠点を置く「国際スピリチュアリスト連盟（International Spiritualist Federation：ＩＳＦ）」では、科学と哲学に関する知識の教育的手段による進歩や普及を原則として、次のように説明しています（https://www.theisf.com/about/aims-and-objectives/）。
①　創造的な生命力が存在すること。
②　私たちは霊的つながりの中にあること。
③　個々の魂は死後も存在すること。
④　天地間の交信は可能であること。
私はスピリチュアルケアに関する課題や研究を、臨床場面やスピリチュアルケア学会な

どで検討し、具体的な実践をしてきました。

特に臨床現場での命に関する交流には、教えられることも多くありました。スピリチュアルな対話の中では、「人は死後にどうなるか」という問いには、いろいろな思いや考え方があることもわかりました。末期の患者さんの最大の苦悩や問いかけは「私の命はどうなるの、死んだらどうなるの」という素朴なものです。

私がこれまで、患者さんとの交流を通じて紹介してきた四つの死生観とは、次の通りです。

① 命はこの世限りで、あの世や魂などはない。

② 肉体とは別に死後生（魂や意識体）があって輪廻する（生まれ変わり）をする。

③ 子どもや孫のＤＮＡや遺伝子に引き継がれていくことを望む（子や孫に託す）。

④ 自己を超えて大きな生命体（サムシング・グレイト、神、仏、天、先祖）、あるいは大自然、宇宙性に融合統合する（仏教の涅槃や成仏）。

スピリチュアリティに関心のある人は、②と④の項目を選ぶケースが多いようです。これは自分が死ねば一目瞭然ですが、これまで多くの宗教、哲学や神秘思想が、これらに示《し》唆《さ》や解答を与えてきました。私自身は四番目の「大いなる存在との融合」を望んでいます。

スピリチュアリティをたかめるとは、いつでも死ねる覚悟を持つことです。別の表現を借りれば「死ぬ時がきたら、今がそのよい時だ」と日頃から素直に思える生き方をすることです。それには、事前に「命の本質を理解し、往くべき方向性を定めている」というスピリチュアル教育が必要になってきます。

◉心の平行軸と垂直軸◉

この本では繰り返し「人生はすべて魂の修行である」ということを述べていました。その前提に立つならば、生まれてから死ぬまでのすべての出来事に意味があり、幸せか不幸せかという二者選択は該当しないことになります。すべてがあるがままでいいのです。

人間関係や社会関係を平行軸とするなら、スピリチュアリティは垂直軸です。この垂直軸の道に入ることこそ、大事な人間修行なのです。それにはどうしたらよいでしょうか。たとえば、「社会的なこと」「感情的なこと」を平行軸の出来事と整理すると、スピリット（魂）は上へ向かう垂直軸であることが明確になってきます。

人類の基層文化に着目し、他界観の研究に詳しい民俗学者の柳田國男さんは、沖縄方面では水平他界観を「ニライカナイ」、垂直他界観を「オボツカグラ」というと説明しています（『海上の道』柳田國男、岩波文庫刊、一九七八年）。さらに、多くの研究者の分析によっても、死後の世界においてはニライカナイは肉体を離れた霊的世界であり、神の住処を表す意味と、天上という次元の高い方向性を示す他界がオボツカグラなのです。(『日本民俗宗教辞典』山折哲雄監修、東京堂出版刊、一九九八年)。

仏教の死後観は「六道輪廻」説で「地獄界、餓鬼《がき》界、畜生界、修羅界、人間界、天上界」としています。それぞれに何層にも分かれていて、精神世界の段階説でもあります。

仏教の信仰では、輪廻を認めつつ最終的に輪廻からの解脱を目標としました。

地獄も一つではなく「八大地獄」といわれるほど、たくさんの世界に分かれています。そこはすべてが、人間の意識が作り出す世界としています。

天の中は諸天善神《しょてんぜんじん》、菩薩《ぼさつ》界、如来《にょらい》界に分かれています。如来の心は宇宙とつながる意識世界なのです。これも次元という言葉で表すと、私たち人間が仏性を自覚して、徐々に修行の段階を経て、如来界まで意識を向上できる存在であることを教えています。

地獄も極楽も現実の人間の意識内にあって、死後も同じ世界を作り出すというものです。

「幽界、霊界、精神界」超心理学の世界では、この世的な三次元から、四次元以降の世界を意味します。次元とは物理学でいう時空間の広がりを指しますので、私たちの住んでいる地球上では縦、横、高さという三次元ですが、時間軸を入れると四次元ともいえます。

異次元を扱う物語を真実とみるかみるかは、その人の判断ですが、仮説としてその異次元、つまり五次元、六次元、七次元、八次元、九次元、一〇次元があると想定して、スピリチュアリティの進化と連動していると考えるならば、おのずと「生き方」も見直され、人生模様も変化するのです。

211ページで紹介した「五つの仮説」の中の「死後生仮説」「生まれ変わり仮説」「ライフレッスン仮説」などは、次元を超えた発想がないと受け容れは難しいともいえます。

私のソウルメイトである心理学博士の三上直子さんは、ご自身の体験や研究からスピリチュアルな次元の詳しい考察をしています。特にイギリスの医師コナン・ドイルからのスピリチュアル・メッセージを中心にまとめた「死後の世界の階層図」（『コナン・ドイルは語る―リセットのシナリオ』三上直子・山川蓮共著、地湧社刊、二〇一六年）や『死の向こう側・我々はどこから来てどこへ行くのか』（三上直子、サラ企画刊、二〇一八年）の解説では、平行軸の現象世界での修行体験が、垂直軸としての死後の世界の移行に影響することが詳細に述べられています。三上さんの東西の詳細な文献研究とスピリチュアリティの交流から発信された「次元上昇」や「リセット・リスタート」などの考察は極めて興味深いところです。興味のある方はこれらの本を読んでみてください。

◉瞑想の最終目標は「即身成仏」◉

千光寺の国際平和瞑想センターの究極の目的は「即身成仏を実現する」ことです。

空海さんの『十住心論』や『般若心経秘鍵《はんにゃしんぎょうひけん》』で「重々帝網を即身と名づく」と表現された世界こそ、平行軸と垂直軸が縦横無尽に交差交流する心的エネルギーの世界なのです。

この垂直軸の交流は、これまで神道では「神の道」といい、密教では「即身成仏の道」といってきました。空海さんが伝えた密教の「即身成仏」では、この肉体的な現象世界にありながら、瞑想によって「無我・空の境地」に達するならば、覚醒することができると説いています。

それを実現するためには、この世での体験的な人間修行を通じて、八正道《はっしょうどう》、六波羅蜜《ろくはらみつ》などを指針として、魂を磨き、社会面、感情面など自己の内面を整理修正することが重要です。整理修正できると「清らかなトンネルの入り口」が見えてきます。そこがアセンションという次元上昇するトンネルなのです。地球の核とのつながりでもあり、サムシング・グレイトと遭遇する道程でもあります。

心をその次元上昇トンネルの入り口に集約することをセンタリングという人もいます。「たかめる瞑想」「ゆだねる瞑想」の修練でセンタリングができるようになると、次元上昇を感じることができるようになります。
やがて、あなたも「即身成仏」ができるのです。

コラム　貪、瞋、痴の「三毒」を克服する

仏教の深層心理学である唯識《ゆいしき》では、苦しみや迷いのことを「煩悩《ぼんのう》」と総称し、主に「貪《とん》、瞋《じん》、痴《ち》、慢《まん》、疑《ぎ》」をいいます。これらはわかりやすくいうと「貪《むさぼ》り、怒り、無知、傲《おご》り、疑う」ことです。特に「貪、瞋、痴」を三毒《さんどく》といって、日常でも注意して生きるように説いています。

三毒の筆頭は「貪」の貪りです。貪りとは、異常な執着を持つ心根のことです。貪欲と呼ぶように、すべてを自分のものにしないと気がすまないという物欲、精神欲をいいます。

貪欲は、自分だけよければいいという自己保存が大きく影響していますから、生育歴も含めた自分の本質的な問題が心の奥底に潜《ひそ》んでいます。

また、貪りは脅迫性障害の人が陥りやすい傾向にあるようです。脅迫性障害とは一種のこだわりです。自分の思い通りにいかないことに抵抗を持ってしまい、細かいことにこだ

わって心が硬直してしまうのです。心が硬直するとまわりを受け容れられなくなり、だんだんと孤立していきます。過度な恐怖心を持たないように訓練することが必要です。

脅迫性障害の治療には、薬物療法や認知行動療法などがありますが、仏教の修行にはこれらを解決する方法に「断食《だんじき》」があります。文字通り、自分の生命を保持するための「食べ物」であるご飯や肉や魚、野菜などの固形物を摂らないことで、自分自身の本能と向き合うことになります。「食べないと死ぬ」という脅迫観念を克服するのには最適です。水分や塩を一定期間摂取しない「断水」や「断塩」などの修行もあります。

生存欲求を徹底して断つことにより、日頃から当たり前だと思っていた「自我」に向き合うのです。自分の存在を侵されたくない、自分だけは安全なところに居続けたいと思う心の奥には貪があります。

「瞋」は怒りであり、人間の本性です。ある対象に腹を立てることですが、もう一方で「自分を許せない」という心理も働いています。自分の存在を認められないという憤《いきどお》りが、いろいろな感情を背景にして生じるのです。

また、怒りには悲しみや恐怖心が潜んでいることも多いのです。悲しみには「小さい時に愛されないで育った」「いつも兄弟と比較されて惨《みじ》めな思いをした」「他人から嫌なことをされても口に出していえなかった」など、心の奥底で泣いている自分がいます。

恐怖心は、過去に犬や蛇などの動物、昆虫などとの関わりで怖い体験をした、高いところに登るのが怖かった、遊びの中で転んだり、大きなけがをした、溺《おぼ》れた、いじめられた、暗いところに閉じ込められたなど、ネガティブな経験がトラウマ的な情報として心の奥にあることが多いのです。同じような場面に遭遇すると、その感情を否定するために怒りとなってしまうことがあります。このように怒りの背後にはさまざまな感情が存在します。

この怒りの感情やネガティブな思いを変換させる方法は、やはりあえていろいろな困難を経験して、乗り越える体験をすることです。

仏教の修行としては、滝に打たれる、長時間の歩き遍路をする、断食するなどがあります。自分の生活そのものに負荷をかけて極限的状況を経験することで「生かされて、生きている現実を認識すること」が大切です。一般的には、根気よく取り組まないとできない写経や草取り、登山やプチ遍路は挑戦しやすいのでおすすめです。

「痴」とは、本来は「物事の道理を知らない心」のことをいいます。知識や学力ではなく、感情面のコントロールにも課題があることを指します。

痴は「無明《むみょう》」そのものであり、因縁の道理を知らないことであり、自己中心のために公平正確な真実の知見がないことです。「無明」の本体とは邪心であり、一切の煩悩の根源に「無明」があると説きます。

また、痴は貪の裏側の反応とみてもいいでしょう。貪りは「自分だけが生きる」という独善的なものですが、痴もやはり「人に関わらないで自分だけで生きたい」という生への欲望の変形です。

そう考えると「ひきこもり」状態も「痴」の症状といえます。わかってはいるけど一歩を踏み出せない。自分にブレーキをかけてしまう。ちょっとしたことがきっかけとなって、自己を認められなくなるのです。これも過去の経験的なことが大きく作用しているケースが多いのですが、人間の本質に立ち返る勇気を持つことで、「痴」を克服することができます。

千光寺では人生相談やカウンセリングも行っていますので、ホームページでご確認ください。きっとあなたも闇の中から一条の光を発見することができるでしょう。

◉『瞑想力』参考文献◉

・『アドラー心理学入門』岸見一郎、ベストセラーズベスト新書、一九九九年
・『いさぎよく生きる』大下大圓、日本評論社、二〇一二年
・『イスラーム神秘主義におけるペルソナの理念』R・A・ニコルソン、中村潔訳、人文書院、一九八一年
・『祈る心は治る力』ラリー・ドッシー、大塚晃志郎訳、日本教文社、二〇〇三年
・『癒し癒されるスピリチュアルケア』大下大圓、医学書院、二〇〇五年
・『岩波仏教辞典』中村元他、岩波書店、一九八九年
・『インティマシーとあるいはインテグリティー―哲学と文化的差異』トマス・カスリス、衣笠正晃訳、法政大学出版、二〇一六年
・『「音・音楽の適用」を作業療法の治療構造から学ぶ』三宅聖子、音楽心理学音楽療法研究年報、二〇一四年
・『海上の道』柳田國男、岩波文庫、一九七八年
・『カバラー心理学―ユダヤ教神秘主義入門』エドワード・ホフマン、村木詔司・今西康子訳、人文書院、二〇〇六年
・『看護研究 42巻1号：レジリエンス尺度の標準化の試み「S-H式レジリエンス検査（パート1）」の作成および信頼性・妥当性の検討』佐藤琢志・祐宗省三共著、医学書院、二〇〇九年
・『がんでもなぜか長生きする人の「心」の共通点』保坂隆、朝日新聞出版、二〇一六年
・『空海の瞑想で迷いが消える！ 超健康になる！』大下大圓、星野恵津夫監修、マキノ出版、二〇一七年
・『ケアを問いなおす―「深層の時間」と高齢化社会』広井良典、ちくま新書、一九九七年
・『解脱 ヨーガ・スートラ』佐保田鶴治他、日本ヨーガ禅友会、一九九七年

・『健康の謎を解く―ストレス対処と健康保持のメカニズム』アーロン・アントノフスキー、山崎喜比古・吉井清子監訳、有信堂高文社、二〇〇一年
・『現代心理学〔理論〕辞典』中島義明編、朝倉出版、二〇〇二年
・『広説佛教語大辞典』中村元編、東京書籍、二〇〇一年
・『弘法大師著作全集・第三巻』勝又俊教編修、山喜房佛書林、一九九八年
・『コナン・ドイルは語る―リセットのシナリオ』（死後の世界の階層図）三上直子・山川蓮共著、地湧社、二〇一六年
・『実践的スピリチュアルケア』大下大圓編著、日本看護協会出版会、二〇一四年
・『死の向こう側・我々はどこから来てどこへ行くのか』三上直子、サラ企画、二〇一八年
・『自分のＤＮＡ気質を知れば人生が科学的に変わる』宗像恒次、講談社＋α新書、二〇〇七年
・『修行の心理学』石川勇一、コスモス・ライブラリー、二〇一六年
・『新カトリック大事典』新カトリック大事典編纂委員会、研究社、一九九八年
・『真言密教・阿字観瞑想入門』山崎泰廣、春秋社、二〇〇三年
・『心理療法事典』シュー・ウォルロンド・スキナー、森岡正芳・藤見幸雄翻訳、青土社、一九九九年
・『スピリチュアリティ教育のすすめ』飯田史彦・吉田武彦共著、ＰＨＰ研究所、二〇〇九年
・『スピリチュアリティーとは何か―哲学・心理学・宗教学・舞踊学・医学・物理学それぞれの視点から』尾崎真奈美・奥健夫編、ナカニシヤ出版、二〇〇七年
・『スピリット・センタード・セラピー―瞑想意識による援助と悟り』石川勇一、せせらぎ出版、二〇一四年
・『聖なる道を歩く―瞑想と祈りのラビリンス・ウォーク』ローレン・アートレス著、リチャード・ガードナー監修、武田光世訳、上智大学出版、二〇一四年

・『「セロトニン脳」健康法―呼吸、日光、タッピング・タッチの驚くべき効果』有田秀穂・中川一郎共著、講談社+α新書、二〇〇九年
・『即身成仏義／声字実相義（傍訳弘法大師空海）』宮坂宥勝編著、四季社、二〇〇二年
・『断捨離』やましたひでこ、マガジンハウス、二〇〇九年
・『チベット密教の瞑想法』ナムカイ・ノブル、永沢哲訳、法蔵館、二〇〇〇年
・『東洋的瞑想の心理学（ユング心理学選書5）』C・G・ユング、湯浅泰雄・黒木幹夫訳、創元社、一九八三年
・『南伝大蔵経』高楠順次郎編、大蔵出版、一九七八年
・『日本民俗宗教辞典』山折哲雄監修、東京堂出版、一九九八年
・『「涅槃経」を読む　ブッダ臨終の説法』田上太秀、講談社学術文庫、二〇〇四年
・『発達心理学への招待』矢野喜夫・落合正行共著、サイエンス社、二〇〇一年
・『パーリ語辞典』水野弘元、春秋社、一九七八年
・『パーリ仏典　長部大篇Ⅰ』片山一良、大蔵出版、二〇〇四年
・『ヒューマンファーストのこころの治療』榎本稔、幻冬舎メディアコンサルティング、二〇一七年
・『仏教とアドラー心理学』岡野守也、佼成出版社、二〇一〇年
・『ブッダ最後の旅―大パリニッバーナ経』中村元訳、岩波文庫、一九八〇年
・『ブッダのことば』中村元訳、岩波文庫、一九八四年
・『ポジティブ心理学の挑戦―〝幸福〟から〝持続可能な幸福〟へ』マーティング・セリングマン、宇野カオリ監訳、ディスカバー・トゥエンティワン、二〇一四年
・『マスローの人間論―未来に贈る人間主義心理学者のエッセイ』エドワード・ホフマン、上田吉一・町田哲司訳、

ナカニシヤ出版、二〇〇二年
・『密教』松長有慶、岩波新書、一九九一／二〇一六年
・『密教の哲学』金岡秀友、講談社学術文庫、一九八九／一九九六年
・『密教福祉 Vol1―世紀を超えて』 高木訷元他、御法インターナショナル、二〇〇一年
・『3つの習慣で私が変わる』大下大圓・保坂隆・川畑のぶこ共著、日本看護協会出版会、二〇一八年
・『瞑想の生理学』ロバート・キース・ワレス、児玉和夫訳、日経サイエンス社、一九九一年
・『瞑想療法』大下大圓、医学書院、二〇一〇年
・『燃えつき症候群―医師・看護婦・教師のメンタル・ヘルス』土居健郎監修、金剛出版、一九八八年
・『ユング心理学の世界』樋口和彦、創元社、一九七八年
・『ヨーガの思想』山下博司、講談社、二〇〇九年
・『ヨーガの宗教理念』佐保田鶴治、平河出版社、一九七一年
・『量子論を楽しむ本―ミクロの世界から宇宙まで最先端物理学が図解でわかる！』佐藤勝彦、ＰＨＰ研究所、二〇〇〇年
・『臨床瞑想法』大下大圓編著、日本看護協会出版会、二〇一六年
・『歴史序説―人類の知的遺産22、イブン＝ハンドゥーン』森本公誠、講談社、一九八〇年

（五〇音順）

最後に、ラビリンス図版をご提供いただいた水谷建設株式会社代表取締役・水谷孝さんにお礼申し上げます。

大下大圓（おおした・だいえん）

飛騨千光寺住職。1954年、岐阜県飛騨高山に生まれる。高野山大学文学部仏教学科卒業、京都大学こころの未来研究センター修了。高野山傳燈大阿闍梨、元高野山大学客員教授。

大学卒業後、スリランカへ留学し仏教瞑想を習得。京都大学で「瞑想の臨床応用」を研究。京都大学大学院、名古屋大学医学部、愛知医科大学大学院等で死生観教育やスピリチュアルケア教育の非常勤講師を務める。

現在は国際平和瞑想センター代表、日本臨床宗教師会副会長、日本スピリチュアルケア学会理事、NPO法人日本スピリチュアルケアワーカー協会副会長など。

主な著書には、『もう悩まない―いまを心安らかに生きるために』（佼成出版）、『ケアと対人援助に活かす瞑想療法』『癒し癒されるスピリチュアル』（以上、医学書院）、『臨床瞑想法』『実践的スピリチュアルケア』（以上、日本看護協会出版会）、『空海の瞑想で迷いが消える！　超健康になる！』（マキノ出版）、『いさぎよく生きる』『密教―大楽に生きるワザ』（以上、日本評論社）などがある。共著には『3つの習慣で私が変わる』（日本看護協会出版会）がある。

〈講演依頼・問い合わせ〉
飛騨千光寺
〒506-2135　岐阜県高山市丹生川町下保1553　FAX 0577(78)1028
ホームページ　http://senkouji.com
E メール　daien@senkouji.com

瞑想力《めいそうりょく》——生き方が変わる四つのメソッド

2019年7月20日　第1版第1刷発行

著　者　大下大圓

発行所　株式会社　日本評論社
〒170-8474　東京都豊島区南大塚3-12-4
電話　03-3987-8621（販売）
振替　00100-3-16
https://www.nippyo.co.jp/

装幀・イラスト　銀山宏子（スタジオ・シープ）

印刷所　精文堂印刷

製本所　難波製本

検印省略

ISBN 978-4-535-58742-7　Printed in Japan